期权赢家

方正期权实盘大赛优胜选手访谈实录 2020

老徐话期权　三友诚品图书 / 编
邬静　李慢慢 / 采访

企业管理出版社
ENTERPRISE MANAGEMENT PUBLISHING HOUSE

图书在版编目（CIP）数据

期权赢家：方正期权实盘大赛优胜选手访谈实录：2020 / 老徐话期权，三友诚品图书编 . —北京：企业管理出版社，2021.3

ISBN 978-7-5164-2341-7

Ⅰ. ①期… Ⅱ. ①老… ②三… Ⅲ. ①期货交易—基本知识 Ⅳ. ① F713.35

中国版本图书馆 CIP 数据核字（2021）第 043495 号

书　　名：	期权赢家：方正期权实盘大赛优胜选手访谈实录：2020
作　　者：	老徐话期权　三友诚品图书
责任编辑：	李坚　张楠
书　　号：	ISBN 978-7-5164-2341-7
出版发行：	企业管理出版社
地　　址：	北京市海淀区紫竹院南路17号　　邮编：100048
网　　址：	http://www.emph.cn
电　　话：	编辑部（010）68414643　发行部（010）68701816
电子信箱：	qiguan1961@163.com
印　　刷：	三河市东方印刷有限公司
经　　销：	新华书店
规　　格：	147毫米×210毫米　32开本　7印张　120千字
版　　次：	2021年3月第1版　2021年3月第1次印刷
定　　价：	68.00元

版权所有　翻印必究·印装错误　负责调换

序

2021年农历春节，全球新冠肺炎疫情仍然肆虐不止，我回到故乡的南方海边，坐在门外靠海的躺椅上，望着满天星斗，感慨宇宙之辽阔平静，但全球仍然纷扰不已，我突然陷入一个奇特的想象：如果2020年重来一次，我在期权交易中可以赚到钱吗？如果我不知道未来的走势，我可以做出完美的预测吗？或者，我做出不完美的预测，但可以依然获利吗？很多问号，没有让自己满意的答案。面对着未来许多年，我们永远都不知道未来的走势，要怎么做才能获利呢？

市场上有人可以做到，他们也愿意告诉你，是怎么做的。

巴菲特认为："投资应该寻找已经被证明长期有效的方法，然后照着做就行了。"许多赚钱的投资人都是从模仿赢家开始的。如果我们自己没有办法赚到钱，那么照着这些已经在市场上赚钱的人，依样画葫芦照着他们的逻辑再做一次，我想应该没有比这个方法更快更直接了。现在问题是，不是每一个人都会分享自己多年的经验，或者许多愿意分享经验著书立传的人的方法未必是真正赚到钱的，但是从比赛出来，用真金白银去证明给你看的，总不会是假的了。在市场上，可以让你亏损的因素实在是太多了，多数人在没了解交易并总结前就破产了，如何更快速地学习，更早在交易上步上正轨，知道赢家的经验实在太重要了。

在这次一系列的访谈中，我参与了不少，觉得获利良多。有些参赛者是认识好几年的高手，有些赢家则是素未谋面的陌生人，我很好奇他们的交易手法及逻辑，也想了解他们到底是用什么样的方法可以在短短的半年内获得如此大的报酬，他们的做法是什么?他们是不是赌徒?在这期间心理状态是怎样的?这些从最终的报酬率是看不出来的，唯有一一地去了解，在和他们的谈话中一点点地体会他们的想法，当时为什么这么做，否则你永远不知道他们在市场上是如何获利的，而这些则是对所有交易者最珍贵

序

的资产，因为这些已经被证明是有效的。

他们用着各自不同的方法在市场上获利，但我们却可以发现他们有许多相同的特质，遵守着市场上赢家的原则，但其中也有些各自不同的特性，让他们可以从不同的角度发挥自己最擅长的部分。这些赢家中，有的是私募操盘人，有的是专业投资者，有的自己有日常的工作，他们依照自己的条件，做着最适合自己的方式。守纪律、有耐心、控制风险、做交易记录、充满信心，并永远相信自己，这些或许是他们相同的特质，但他们有的做趋势交易，有的做日内当冲，有的做权利方为主，有的做义务方为主，却同样可以获得惊人的报酬，这些交易方法都值得我们再三体会。

当然，所有的赢家并不是一夕之间就获得了赚钱的能力，绝大多数人都经过了两三年，甚至更久才开始稳定获利，这一路的甘苦及辛勤没人可以知道。看完了这些赢家的分享之后，你或许会觉得这些交易技巧没有你想象中的华丽无双，与自己的方法差别不大，但若能发现其中在心理状态或想法上与我们的差异，与我们每日在面对止损出场时的不同坚决，在仓位获利时是否要出场时的同样煎熬，这些每天每次处理态度的差别，了解这些，可能就是最大的收获了。千万别小看在面对每一笔单处理上这一点一滴的细微表现，这一步或许就能让你跨入赢家俱乐部的门槛。

在衍生品愈来愈盛行、杠杆使用愈来愈多的时候，非常乐见这些赢家愿意把自己的实际赚钱经历、态度及想法感受，以教学相长的方式且有条有理地分享给大众，相信经历过相同日子的投资人一定会感同身受并有所收获。

徐华康

2021年2月

目 录

耐心等待属于自己的行情 卢有荣……………003

主赚日内波动的套利高手 莫国程……………021

你要时刻考虑概率与赔率 石 宇&粟 曙………033

交易的两个核心 徐 尧………………………059

只赚自己看得懂的钱 刘 搏…………………073

不要亏不该亏的钱 兰 楠&聂 雄……………087

要把最坏情况考虑进来 付先生…………………101

在行情方向和波动率上都要顺势 杨　云…………117

投资就是一场马拉松 胡说股指…………………127

在市场中保持弱者心态 Ring……………………141

附　录…………………………………………155

　　2021年全球宏观经济与投资展望……………157

　　ETF期权在投资管理上的运用…………………194

说明：

本次大赛分为股票期权专业组、股票期权个人组、股指期权组三个组，评奖规则分别如下。

专业组评奖规则：

根据参赛者衍生品账户的账户收益率、最大回撤、夏普比率三项数据计算综合成绩（权重比例为4:3:3）进行排名。

个人组评奖规则：

根据参赛者衍生品账户收益率进行排名。

股指期权组评奖规则：

根据参赛者股指期权综合得分进行排名。

股指期权综合得分=(股指期权净利润得分1×50%+股指期权净利润得分2×50%)×70%+(股指期权权利金收益率得分1×50%+股指期权权利金收益率得分2×50%)×30%

股指期权净利润得分1：账户累计股指期权净利润/所有参赛股指期权账户最大累计期权净利润×100

股指期权净利润得分2：100-(账户股指期权净利润排名-1)×(100/参加排名人数)

股指期权权利金收益率得分1：账户股指期权权利金收益率/所有参赛账户股指期权最大权利金收益率×100

股指期权权利金收益率得分2：100-(账户股指期权权利金收益率排名-1)×(100/参加排名人数)

股指期权权利金收益率：账户股指期权累计净利润计开仓权利金×100

净利润为负，则期权净利润得分和权利金收益率得分均为0。

卢有荣

耐心等待属于自己的行情

市场不是每天都有行情的,你要耐心等待属于自己的行情机会,不要过度交易,我以前亏钱的大部分原因都是过度交易。

我不是职业交易者,我还要上班。所以我就只看突破,最简单的创新高,所有的高点都踩在脚下。然后看假突破,就是又调回前一个低点之下,突破高点之前必然也有低点,就掉到那个低点之下。如果真的突破,是不会让你这么轻松地去撤回原来的位置,它会逼空真正的突破。

方正证券广州环市东路营业部

个人组冠军　收益率1800%

方正期权大赛2020年个人组冠军，曾任《新快报》经济专栏研究员和《股市动态分析》《投资快报》等专栏作者，多次获得《新快报》短线实盘赛等比赛冠军。

这次交易中取得个人组第一的优异成绩，你觉得主要做对了哪几件事情？

我觉得首先要在市场中找到适合自己的盈利模式。市场不是每天都有行情的，你要耐心等待属于自己的行情机会。不要过度交易，我以前亏钱的大部分原因都是过度交易。再者，只要按照你的交易规则，结合你的自律，反复地去执行，有进场信号时进场，出场信号出现时就出场，剩下的就交给市场。到底能够盈利多少，或者说能不能盈利，也交给市场。对于做趋势突破来讲，因为每次突破都有可能回撤，所以就不能确定你是否能够取得单边行情的大幅盈利，毕竟这种机会千年等一回——不一定那么夸张，但可能有上千次的假突破，或者说上百次，你才能等到一次属于自己的真正的大行情。

在上千次的试错过程中，怎么能做到不放弃呢？

首先我们要保证每一次交易的资金是自己能够接受的，比如说我能够接受赔1万块或者赔1000块，那么我交易10次，我就把这1万块分成10部分，每次我就用1000块交易，这样才可能等到属于自己的机会。即把每次交易的仓位和资金管理控制在你可以接受的资金总量的一个比例，等市场证明你正确的时候再加仓。

很多投资者是这样的，赚钱的时候他就迫不及待地想平仓，或者说把利润拿到手。但是我是相反的，一旦赚钱，我这时候注意力就会高度集中，因为可能属于我的机会来了，因为我看对了嘛对不对？

假设我判断它跌，在做空，某个点位向下突破，我们做空，盈利不断地在增加，这时我可以适当加仓，但一定要尽快加仓，到后面其实应该是金字塔递减那种。加上去之后，你这时候其实可以找到适当的机会，假设有一次资金小小的回撤或者回落的时候，你把本金撤出来。假设盈利很厉害，撤出来之后，剩下的就是盈利，对不对？正如一句很著名的话，让利润奔跑。接下来你可以反复加仓，每次回档的时候你都可以加仓，因为你的趋势已经形成了，首先你看对了，而且这个全是盈利，也就无所谓了，后面就让利润奔跑。这次比赛我还没用到这个方法，都已经可以取得十多倍的利润，其实再改善的话，首先我会找虚值一点或者说平值以上的那些合约，首先是近月合约，用最活跃的合约去开仓。因为我当时最初是看空，所以我后来是反手做多，拿的是最保守的实值。其实后面趋势对的时候，你就可以选择虚值一点或者说接近平值的合约去做，这时候你的利润会最大。

这个过程中没有很好地往虚值移仓？

有两个因素。

第一，比赛肯定有一种心理，就是说我要保住胜利的果实，所以这是一个方面。

第二个确实是调仓不方便，比赛账户有额度限制，我已经盈利了10多万，但我当时还没开到10多万的额度，只有一两万的额度，所以我就想不调了，因为我在比赛里面就会用这10多万。

这个比赛规则我要讲一下，它会有复利效应，每天都会去结算，上一日是10万，下一日还会按10万去算，所以我就不想动。而且这次行情是很快的，所以我没动也跟比赛有一点关系。误打误撞吧，一个是稳定，第二个是回撤小。

我有10万的盈利，但只有一两万的额度。10万盈利这时候我不平仓，继续让利润奔跑，然后到14万、15万，这时有回撤了，我出来了，比如说拿到12万的利润。但因为我再开仓只能开一两万的额度仓位，所以那10多万我就停下来操作了，这种强制下，可以一直保持很低的回撤，很高的收益。这种规则的束缚一定程度上反而成就了我。

后面其实八、九、十这几个月我做得并不好，三个月我都没拿到冠军，原因很明显，因为月冠军体现的就是这个月的收益。但是我能一直保持着7月份的收益。这其实也提醒了我们，在没有把握的时候该怎么控制，对我来说没有把握的是震荡行情，最有把握的是突破行情，突破行情我就重仓，震荡行情我就轻仓或者不做。

你刚才提到你是采用金字塔方式加仓，刚开始多一点，后来少一点？

那个点其实可以这样把握，因为突破只有一个点，然后还有一个回踩点，其实这两个点都是在盈利的时候。当然还有一种假突破，可能把你进场的点打破了，这时候你就要止盈或者止损，把它平仓平掉了。除了这种情况之外，回撤的时候，你加仓了之后，它是继续往上走的话，或者说按照你的方向走的话，你就可以继续加。

我这里同时谈一下减仓。就是说你觉得出现了比较大的利润的时候，有一点回撤的时候，可以刚好把你的本金撤出来，撤出来之后，后面你的心态，还有你的操作就会没有压力。反正我很享受那种感觉，就是剩下的都是盈利，所以我可以忘记它。我当时是1万块参赛，取出来本金之后只剩下1000块，但是我后面还有十几万的利润，你说我这时候有什么负担？我就让它继续，因为当时单边上涨还没结束，我就等到它结束为止。后面进入震荡的时候就慢慢地再退出来，这时候就很轻松了。

当然，这个退出也看个人心理的承受能力。比如说我再举个例子，我还有另外的账户，是六七万的，后来它一天涨了二三十万，然后到中午说赚那么多，大家吃个饭，吃个海鲜，吃个小龙虾，临近收盘已经到49万了，大家说赶紧兑现，不然我们这顿吃得不安心是吧？我说算了再等等，第二天到七八十万。其实我觉得很正常，因为本金已经取出来了，基本上后面就没有负担了。后面七八十万一下子波动撤回到四五十万我才走。但这时候平的仓位和之前他们叫我平仓意义不一样，四五十万的时候，后面可能还有一段你不知道，但是回撤的时候你就知道了，我最高只能达到七八十万，所以回到四五十万我觉得可以了，或者说因为它已经踩到了之前的低点——因为之前也是个回撤点，这时候打破了之后就表明这段趋势可能要结束了。但它也有可能是再回去，但是我就平了，我就没有再来。

你刚才提到要控制住自己，在控制自己这点上，你是怎么做到的？

就像刚刚我说的，我秉持的心态就是忘记，忘记它的意思就是，我都把利润或者说把本金取出来之后，剩下的这几十万，就可以当成是你刚开始的那几千块、几万块。比如说一开始投入的钱我已经取回来了，剩下你就想象着不是我的，我没有赚这波，你是不是心态很轻松？但这种也不是没有原则或者没有节制的，是说行情一路向好，或者向着你的方向去发展，它一路在滚。

我举个例子，2015年有大家可能都不愿意提的股灾对吧？当时我的实盘也停止操作了，停了操作之后，我的期指模拟账户——因为期指是做对冲的，我其实之前也是不断地做震荡——亏了好多，我记得是100万还是200万，反正模拟仿真交易就剩下10万，只能开一手，我非常珍惜这一手，再也不开仓了，一直等到5月，但我还不是很确定，直到等到开始出现连续跌停，这时候我就拿着10万开仓做空，开了一手，好，第二天就盈利了，很快翻倍。

你知道我怎么做吗？我就把这个盈利的保证金，跌停板再开仓，因为跌停你实盘卖不出去，但是在期指在仿真还可以开，基本上那时候跌停了一个星期，我10多万不断地加仓就变成2200万。这就是个例子，你不知道它能到多少，后来到2000万就回撤到1800万，再上也上不过2000

万，这时候我就平了。

在交易中，你主做的是什么行情，或者说，你主要赚的是哪一类钱？

趋势交易。股票作手利弗莫尔的交易方法大家应该都清楚，他是一笔交易就能赚几亿美元，我觉得他的理念就是，市场反映出最真实最原始的一种运动状态，你只要顺从就行了，这种状态不是经常出现，甚至有杂音，比如说干扰你，比如假突破，这时肯定得无条件出场，因为不属于你的，你就不要进场，直到它出现。进场出现之后，你赚了就要让利润奔跑，要拿出本金。奔跑就要真的让它奔跑，不能说你觉得到了，这不是你想说到了就到了，市场告诉我到了我才出来。

这其实挺难做到的，包括你说的信号出现的时候无条件建仓，然后信号变成假突破之后无条件出来。

可能一年中只有一两次那种较大的单边趋势，突破只是它符合你入场的一个模式，你可能有别的模式入场，都没问题。因为我不是职业交易者，我还要上班，所以我就只看突破，最简单的创新高，所有的高点都踩在脚下。然后看假突破，就是又调回前一个低点之下，突破高点之前必然也有低点，就掉到那个低点之下。如果真的突破，是不会让你这么轻松地去撤回原来的位置，它会逼空真正的突破。

当然如果交易多的时候，你有时会有这种感觉，比如我在2019年2月25日的时候，就是一种很强烈的感觉，我必须在星期五加满仓重仓，但是我的账户因为调额度的原因，必须先做满多少笔交易，反正阴差阳错就没有上到重仓。我当时只有6000元的仓位，你无法想象星期一加仓到多少？33万9000多。那个星期，一直在慢慢地小小地涨，但是到星期五的时候我感觉非常强烈，我说这可能加速了，我再不上仓位就没有机会。

所以我说进场点一开始突破的时候要大胆上，第二个是加仓那个点，其实也不知道是感觉，还是各种很强烈的因素加起来，就是让你觉得你必须加上去，加完之后让利润奔跑，其实到后来加不加已经无所谓了。

你现在主要关注的就是股票期权市场?

其实现在是因为精力有限,以前我所有产品都看,我每天都会把所有商品图形看一遍,觉得有突破,我会关注,然后去做它,但是这样精力真的做不到。

做交易,我再强调一下,一个是不要多,第二个是要简单。你的进场条件,还有你出场的信号,一定要简单。第三就是品种尽量不要超过三个。比如说我做了下黄金,就是它突破那几天做完,然后它没有信号了,我就退出不看了,最近就取消关注。比如说铁矿石,也是做两三天,它一涨,我离场后,又不关注它后面波动了。当然如果后面又有波段行情,那就另说。

你现在的工作是做什么?

我现在主要是在投资快报,以前的新快报,帮他们写一下市场评论。其实我觉得我能写得好,分析得好,但是我操作真的不好。这次真的是要感谢方正证券给了一个比赛的机会,只有比赛我才有机会发挥出我擅长的东西。

涉足期权有多久了？

2016年方正第一批股票期权考试我就参加并进场了。但是后面做，每年都是小赚小赔，反正一直很少大赚，最理想的是大赚不赔，但是很难。

在做期权之前，我做过商品和期指。我觉得期权的好处是，只要你做买方，你的损失、风险是有限的，盈利是无限的。卖方是反过来的，因为有买就有卖，它是零和游戏。有些老师喜欢做卖方，我也觉得卖方是更需要技术的，你如果技术掌握得很好，模型策略做得很好，你可以去尝试。但是对于我来说，我是简单最好，我就只做买单，而且只做最活跃的合约，就是跟期货交易是一样的，只做主力合约，只做近月，但近月有个问题就是，你要避开交割，一种是你要尽早换月，当然还有一种你就专门做到期日，这两种交易模式。如果要做波段，要早点换月，不然在到期之前真的变得很被动。

等到你找到了你的盈利模式，等到适合你自己的行情出来了，你就一直在自己熟悉的范围内反复地机械地去做，机会来时，利润自然而然地就拿到了。

交易这么多年，你觉得你最深的感受是什么？

其实我觉得我不适合做交易。因为市场永远都是你的老师，永远都学不过来。别人做股票的模式一直在不断进步、进化，不断改进，我跟不上。

第二个是自律，我觉得我很情绪化，我会有恐惧，贪婪，到达了一个目标，觉得不够，这种很致命。

第三，你不要想着通过某一次交易能够把以前的亏损弥补回来。

第四，你不要设定一个期望的事情，因为实际上并不知道市场会给多少。所以就不要想我要买一个房，买一个跑车什么的，这样一旦到不了你的预期值，你会等，会错。

第五，你一开始亏损，首先要降低仓位，反复止损，如果证明这个行情不适合你，你就要停止操作，停下来之后先休息，一定要休息，直到你有感觉，或者你已经不害怕了。亏损了你心态肯定很不好，你会恐惧，只要你进场，一有点盈利的风吹草动你又跑了，这是很不适合的。但是我觉得这几点我真的没做好。

如果让你给还没有稳定盈利的交易者几条建议，你会给他们什么建议？

两种，一种是新手，一种是老手。

老手不要带自己的一种思维惯性，沉溺于旧的思维模式，因为结果可能会迎来比较大的损失。老手不要带固有的模式、僵化的模式，甚至现在还在盈利的模式，你要提防的是，它风口转了，不再盈利了，不能市场已经变了你还执迷不悟。过去有用的经验，有的时候也可能会毁了你。

新手就很简单了。初生牛犊不怕虎，他会很大胆地用激进的方法去很快地盈利，这有时候是一种好处，但也是一种坏处。我觉得新手应该是先亏损，就像我亏了4年我就能够承受，但是如果新手一开始就盈利，而且是大幅盈利，你就会有个很高的预期值，你就会以为你每次都可以这样，这是比较致命的。你期望过高就会不舍得出场，或者说不符合你信号时你也会强求市场，自己觉得是你的就进场了。

我也是新手这样过来的，我当时就是反复地买，套住我不管，放了一段时间，解套了，我赶紧抛了。其实这时候是反的，你想想，买了，套了，你还拿着它，难道它真的能涨回去吗？当时觉得套住不抛，就一直不算亏对吧？但是如果你换一个正在涨的，那不是很快就回去了吗？后来我终于学会了割肉。当然价值投资者可能很不屑于这个说法。但对我来说，学会割肉是第一步。

此外，套的时间这么长，你解套肯定会走，但其实这个才是我们进场的实质点，为什么？因为它突破了所有的历史上套牢的盘，解放套牢盘的人，它们不是雷锋，它肯定要往上做，这时候你应该加码买。你想想，都亏了这么久你还拿着，你没有亏的时候，你就应该加码买，但是前面亏的时候你不要加码。

很多交易员，会把观察市场的情绪作为一个重要考量。你会考虑市场的情绪吗？

你说的这个是现在做短线的主流。我们有一个叫看指数，还要看龙虎榜指数，现在的涨停板家数，还有最高涨停板数、连续涨停数，这个就是体现了市场做投机的那部分资金的情绪，叫市场情绪。情绪跟指数的波动有时候是不同步的。你做大指数或者说做蓝筹股时完全体会不到，或者说做上证50完全可以Pass掉这些小的，但是做个股做短线，就是说不超过三天的这种交易，必须看情绪。

徐华康点评

在我认识的人当中，很少有人纯粹做买方就能够赚钱的，但是卢有荣老师绝对是其中的翘楚，且当之无愧。

在访问的过程中，卢有荣老师像一部交易的百科全书，说了所有交易中要留意的事，他与其他的交易者不同，他不说Delta、Gamma等希腊字母，也不说时间价值与波动率，在整个过程中完完全全地专注在"交易"上面，他完全地诠释了交易要留意的要点，且执行了这些要点并赚了大钱，他用行动告诉我们，这就是交易。

"找到适合自己的盈利模式""行情不是每天都有，需要耐心等待""按照自己的交易规则""每一次投入的资金都是自己能接受的"这些耳熟能详的交易规则说起来容易，但是做起来却不容易，否则每个人通过看书就可以成为一名超级交易员。所以卢有荣老师也说，在此之前，自己连续亏损了四年，就是在这种在不断的改进下，目前他已经找到了自己的交易方法及节奏，也是最适合自己的交易方式：趋势交易。

另外一个值得投资人学习的地方则是如何加仓及拿得住。卢老师做趋势交易主要以突破点开始重仓交易，在没把握或震荡行情时则轻仓或不做。这样的交易方式在2020年期权大赛时也展露得淋漓尽致，在七月份行情明显大涨时赚了十几倍，能狠狠地抱住仓位直到涨不动再出场，是用什么方法克服的，值得一再体会反复验证。在8、9、10月时由于行情进入到震荡格局中，行情区间上上下下，没有明显的方向出现，反复止损且绩效没有出来，也说明了此种交易确实要在行情有趋势时才能获利，但是能掌握一年出现一至两次的大趋势及数次的小趋势，连续数月无法获利的尝试都是值得的。

卢老师谦虚地说，其实自己本身不适合交易。本身情绪化的个性，容易受贪婪及恐惧的交错影响，在交易上容易犯错，但也由于自己深知自己的这种个性，所以在交易上也以十分自律的心态来控制自己，这也是非常值得学习的。深知自己的不足，然后改进，不断进化，一步一步地迈向交易高手的境界。

莫国程

主赚日内波动的套利高手

多找找自己的问题。你要找出来为什么我会输？我这个地方进场有什么问题？尽量找到那种自己把握性高的、能赢钱的地方去做。要控制住自己，反复练习，一开始我们也控制不住自己，要长期反复练习，养成习惯。

主赚日内波动的套利高手　莫国程

方正证券深圳福永大道营业部

专业组第一名 综合得分：49.16

2015年开始进入金融市场，擅长股票T+0交易。近两年接触期权后专注于日内交易，为专心交易从深圳移居湖南某山清水秀的乡下。手法及交易量媲美专业机构，每年稳定获利达20%以上。

简单谈谈你的交易之路？

我2011年当兵回来，然后在深圳打工，2015年开始接触股票，当时厂里有个同事在玩，我就跟着他玩一下。刚开始第一年的时候我是在深圳做的，我们是做股票，我们想的是一年换一个城市，比较好玩。那时是我跟我哥，我们两个一人出5000块钱，做股票，然后被我输得玩不下去了，我就选择不做了，因为我完全找不到方法，没有头绪。但只中断了几个月时间，后来又被我哥逼上去了，然后继续做股票。2015年刚好是牛市，也赚过一些钱，但很快又输完了。期权是这两年才开始做的。

进入股市连续两次输完,然后为什么会想着进入期权这个领域?

因为跟我们做股票的手法有点类似,期权相对说它是T+0的,我们做股票主要也是做T+0。当时第二次输完,其实输得只剩本金而已,我们没输进本金,但利润退完了。我们是做融券的,后来已经不买股票了。当时刚好看到有人发了个朋友圈,感觉好像比较适合我们这种手法,对于我们做T+0的来说,它波动越大越好。

原来做股票T+0,跟你现在做的期权,感觉有什么不同?

股票成功率更高,做期权的话成功率没那么高。但期权可能有更多机会,我们这种做法更有优势。做股票如果资金有限的话,T+0机会是很少的。

能不能跟我们谈谈,你在这个市场最想赚的是哪一类钱?

我们主要赚日内波动,需要有大波动来套利,主要做日内波动套利,很少有隔夜的,感觉有把握的时候,偶尔会去尝试一下。

股票、期权、可转债也都在做,都是用这种手法在不同的领域去做。波动大还是要靠运气,波动大的时候对我们相对来说有利,波动小的时候像我们这种手法的话,基本上不怎么好做。

你觉得能取得这样的成绩,主要是运气成分,还是个人能力?

各一半吧,本身我们这种做法已经比较成熟了,但也要靠运气。如果不出大行情的话,我们的优势就很难发挥出来,在控制回撤上,可能也比不上一些特别专业的选手。

这次大赛中的其他选手,你有没有比较欣赏的?

我比较欣赏个人组第一的卢有荣。我尝试过他的手法,但是我自己做不成功。有空的时候我会尝试一下做他的手法，但做法完全不一样，完全不是同种东西。

目前所涉足的市场，有没有明显的侧重点？

没有，只能说哪个波动大的话，我们会侧重哪个。只要你日内波动够大的话，我就去那里了，就这样的。波动率大相对来说对我们的做法有利一点，哪个有利一点我们就是做哪个。

谈谈你交易路上特别难熬的时候？

做期权就有。刚开始做期权，我基本上一年都在输，连续输了一年，然后后面还是坚持了下来。

当时的做法和现在一样吗？

也一样的做法，但是可能止损没做好，而且对市场认识不够，方法也没找到，所以说基本上一直都在亏钱。

从亏损到稳定盈利这个阶段，你觉得自己有哪些方面提升上去了？

主要是对期权的看法不同，对市场的认识不同了，有种突然开窍的感觉，熟能生巧吧。

你觉得是什么促使你开窍了？

主要是自己多去复盘一下，多找问题，主要是找自己到底错在哪里。像我们下单，比如说大概率我下去就能赢，那接下来要解决的就是把那种把握性不高的出手，怎么控制住自己，主要是这方面。

所有问题找出来了，后面你能避免那些错误，你慢慢就会好了。你要能想明白自己为什么错了，你就是对的，反过来就是这样的。

我把握性不高的地方，我不动手，要控制得住自己，一般新手的话停不住手。发现错的时候要停得住手的话，你还有机会去研究一下怎么错，你要是停不住手输完了就已经没机会了。

你觉得在交易这件事上，什么是最重要的？

还是止损。止损控制好了，起码有本钱，你还有机会，是不是？原来我们一直输，但我们输的话，没有说哪次爆过仓，你要是爆仓的话，像我们基本上很难翻身的。因为资金有限嘛。

如果给刚刚涉足这个领域的新手交易者几条建议，你会给什么建议？

第一，开始涉足时还是要小资金。

第二，尝试找到自己的方法。能找到稳定的方法后，再加资金量做。

此外，新手通常有什么问题，停不住手，这也要控制一下。新手刚开始基本上都是满仓的，这点也要注意避免，满仓的话风险相对来说比较大，你要想稳定做的话，还是小比例来玩一下，一开始避免重仓。

如果是已经有一些交易经验了,但是还没有稳定盈利,这样的交易者,你会给他们什么建议?

这种的话,多找找自己的问题。你要找出来为什么我会输?我这个地方进场有什么问题?尽量找到那种自己把握性高的、能赢钱的地方去做。要控制住自己,反复练习,一开始我们也控制不住自己,要长期反复练习,养成习惯。

徐华康点评

在与莫老师见面之后,发觉他与我想象中的差别非常大,原本以为每天不断进出股票、期权的交易者,因为短时间内需要很多的决断,个性可能很急,说话很快,或许有点霸道总裁的味道,但见面之后才知道,莫老师是一位这么真诚、腼腆、少话的人,在讲话之前可能要稍微思考个两秒钟,等确定时才将话说出口,或许是日内交易养成的习惯,等到确定时再出手,减少不必要且没把握的交易。

莫国程老师是我认识的交易者中的少数派,他是做人工日内交易为主，而且只做日内交易。做这种交易类型的交易者在期权上不多见，能稳定获利的更是少见，由于每天都需要盯盘，需要很快的反应，很强的意志力，要控制住自己不要过度交易，不下没把握的单，所以这种交易是相对困难的，虽然有风险控制上的优势，但也要交易者有自制力才行。

做短线期权T+0的交易到底需要什么样的技巧，也是我相当好奇的。我在与莫老师交谈的过程中试探地问了一下他实际是怎么做的？他很真诚地用简单的语言告诉我"在日内趋势向上的时候就不断地买入，直到涨不动为止"。我听到了关键词"不断地买入"，我再仔细了解一下才发现，莫老师的获利与手续费大约是一比一的比例。我向莫老师请教后思考：由于盘中不断地买入，使得后来的成本愈来愈高，仓位也会愈来愈大，如果以常理来说，如果确定是非常确定的交易，不是在讯号刚发生的第一时间全部买入成本最低吗？因为不知道标的物日内的上涨幅度，也不知道这次"有把握"的交易会不会正确，所以采用了持续买入的方式，在错的时候仓位小，止损的金额也较小，损失不致于难以忍受，但如果日内幅度够的话，仓位将可累积，虽然平均每一张的获利不高，但总获利还是比较大，以整体的获利/风险的比值来看，这还是划算的，但这也导致了每一张期权的获利金额不高。

"突然开窍了，熟能生巧"则是来自于每日的复盘总结，很多选手都说过相同的话，"找问题，发现自己错在那里"，前几年的亏损经验总结，使得莫老师很少再犯过去相同的错误，也让他在盘中更有耐心去找寻每一天可以进场的机会，若是没有机会，他一单也不会下，这样的心理状态的成熟，也使得莫老师在这次的比赛中大放异彩，就算是做短线的买方，也能稳定地获利。

"控制住自己，反复练习""长期反复练习，养成习惯"，这，是莫老师给所有投资者最大的忠告。

石宇 & 粟曙

你要时刻考虑概率与赔率

我们经历过2015年的崩盘、2016年的熔断、2018年熊市下跌及2020年的新冠疫情危机。经验是很重要的一点，见过比较大的行情，见过市场很多的极端行情，见过市场半死不活的时候，各种各样的行情都经历过，我觉得这是很重要的。

对新手来说的话，我觉得要做好三个基础的工作，做好交易计划、做好交易记录、定期总结。它是一个需要不断反复的过程，如果你不断反复地去做这三步的话，我觉得就算是再笨的人，多多少少都会得出一些最基础的结论。

方正证券长沙五一东路营业部

湘楚滨江一号私募证券投资基金 专业组第三名 综合得分：40.63

石宇，产品投资总监，中国农业大学金融学硕士。2007年从事外盘衍生品的研究和量化交易工作，2015年转到国内市场进行衍生品的量化交易，所管理产品历经国内2015年股灾、2016年熔断、2018年贸易战、2020年疫情等众多剧烈行情，始终保持稳健平稳的收益。到目前为止，已经从事衍生品研究和投资工作十多年，拥有大规模资金的管理经验，积累了丰富的实盘经验，擅长商品期权和50ETF期权波动率量化交易策略。

这次大赛中能取得这么好的成绩，你觉得在交易这件事上你主要做对了哪些事？

我觉得并不是一定要做对什么事情，只是我们按照一直以来做交易的策略，一直在不断做下去，我们以前做什么样的策略，现在还是做什么样的策略。其实在衍生品这个领域，十几年前我们做外盘的时候什么策略，现在到国内也是这个策略，2015年做什么策略，现在也做什么，基本上是没有什么太大的变化。

能不能谈谈你这边主要采用的策略，或者说在交易中主要赚的是哪一类钱？

我们赚的钱很简单，我觉得我们相当于收保费的，我们自己定义，我们类似于保险公司一样赚保费，赚时间价值。很简单，只不过为了把这个思路贯彻下去，我们需要考虑很多因素，我们要考虑把"保险"卖给尽可能多的人，要考虑"保险"定价的问题，要考虑风控的问题，这个地方好像都是一样的。其实并没有说参赛我们就要怎么样，我们实际上应该怎么做还是怎么做。

这次比赛期间的行情状况，你觉得你们的策略能很好地发挥吗？

我觉得是这样，每种策略都有适合和不适合的行情，我们经历了不适应的阶段，但是也经历了适应阶段，可能7月份的时候对我们来说略微有点不太适应，但是7月份之后可能盈利还好，各种阶段都经历过。我们是尽可能地不让行情来特别影响我们交易的项目，更可能地希望在不同的交易阶段，哪怕大涨也好，跌也好，或者牛市也好，熊市也好，然后我们有一个差距不是太大的结果。差距太大了，不利于整体产品发展。我们目标还是要做一个长期稳健的产品，并不是高收益，因为你要想做一个好的私募基金，你必须让客户放心，这就需要你的曲线平稳一些。

面对变化的市场环境，你是怎么做到尽量让自己的收益比较稳定的？

肯定要考虑这个问题，在做策略的时候，先要考虑到你的策略，一旦做下去的话，需要应对股市的行情，需要面对牛市熊市，相应的高波动率市场和低波动率市场都不一样，然后你在做策略的时候，你就要考虑到怎么应对这些东西，其实我觉得你在做策略时，应该包含各种就是全天候下怎么去应对市场的策略。

我们做策略的时候也考虑到在不同阶段该怎么处理问题，然后把类似的策略再用下去就可以了。因为历史上我们也经历过很多事件，2015年股灾我们经历过，2020年因为疫情情况也特殊一点，但是我们经历过股灾，经历过2016年的熔断，其实股灾和熔断的时候对我们考验更大，在那个时候我们都经历过来了，所以到现在我们应该也还好。

您个人从事交易有多少年了？

有十几年了。这些年，因为国内期权市场发展得比较好，所以我们布局期权多一些，精力放得越来越多了，然后更多的应该是我们的很多客户更喜欢这种比较平稳的产品，所以介入得越来越多，规模逐渐做大，所以整体来说也会把自己做得越来越好，精力投得也越来越多一些。

但是对个人来说，这十几年我们不只是做衍生品，其他的我们也会去做，比如股票。

在这么多产品里面，把期权这种衍生品作为你们的主要精力投放点，是什么原因？

我觉得这个是客户在逼我们选择。我其实一直在想这个问题，目前这个阶段，我觉得现在每个人手里可能可投资的资本是越来越多的，用于投资的钱是越来越多的，钱多了以后的话，对大众来说，他势必就要选择一种合适的、让他放心的一个产品，或者是一个标的去介入，但是在这个时候最难的就是这种信任感。我不相信你能帮我把资产打理好，是不是？你要取得客户的信任感。

我们也经历过很多类似的行情，也经历过很多样的产品，但我觉得要取得客户的信任，最好的方式就是平稳，让客户大多数情况下都能看到收益，然后这个收益是可持续的，而且这个收益不会说因为今年是牛市，明年是熊市而有明显的变化，所以要达到这样的目的，达到获得客户信任的最终目标，只有这样的产品才能做到。

这个不是我们主动选择的，这可能是因为客户需要更平稳。所以我们为了满足客户的需要，为了让客户的体验更好，选择了体验这种产品，因为这种产品可以使得我们收益比较平稳。

当然我说的能够取得收益比较平稳的产品有很多种，比如说T+0、日内套利，这样的类别有很多。但是你需要有量，在有量的基础上，然后未来又有发展潜力，又符合我们本身的专业，同时又能够比较平稳，几个条件下来，我们最后筛选出来的也只有期权。

因为相对来说我们在这个领域进入得比较早，在国内还没有这类产品的时候，我们就在做类似的配置。国内后来有的话，基本上任何一个期权，包括商品期权，只要一上市，我们都是最早的参与者，经验比较丰富，而且这个产品市场规模发展越来越大，每年基本上都是50%~100%的增长，所以可容纳的资金也比较多，相对来说可能比铁、银那些流量资金要多一些。我们曾经给过客户很多种类别的选项，但是客户更多的都是选择了这块，也使得我们把主要精力投入到这里。

在期权这个领域，能持续符合客户的期待，你觉得你们团队的优势在哪？

我觉得其实最主要的优势是经验，我一直强调经验是很重要的一个方面。所谓经验就是说在这个领域，国内从2015年发展期权到现在才5年时间，而我们基本上所有交易员都有5年的经验。我本人以前还有做外盘的一些经验，十多年了。经验是很重要的一点，见过比较大的行情，见过市场很多的极端行情，见过市场半死不活的时候，各种各样的行情都经历过，我觉得这是很重要的。

第二点，除了经验的话也要专业。比方说在这个市场里，我们都是用量化的方式，每分每秒去算期权的定价和期权的估值，包括期权费什么的，基本是纯量化的方式。在这个领域，比方说你问我任何一个期权，它有多大可能最后到期的时候是实值或者虚值的，这种关于数字性的问题，比方沪深300ETF可能今天价格是5.1，未来一个月有多大可能涨到6.25，我可能觉得大概只有3%~4%的可能性，然后可能有些人觉得概率高，有些人觉得概率低，但是对我们来说就把它更加量化一些。我觉得专业很重要，不只是我清楚，每个交易员对各种量化的数据也都非常清楚。

能不能简单跟我们谈谈你的交易之路，你当初是怎么会进入到交易这个领域的？

有一句话叫"男怕入错行，女怕嫁错郎"是吧？我觉得其实是这样的。举个简单例子，比如说我现在有一个女儿，我是绝对不会让我女儿干我这行，我觉得我们这一行并不一定适合于每一个人，之所以这样觉得是因为我知道，任何一个走过来干交易这行的都不容易，当然他这种不容易，我觉得可能是心理的一种纠结，或者说不好听的肯定是一种折磨，并不容易，而且我觉得并不是每个人都有这种兴趣和忍耐力。

关于是否愿意让孩子从事这行，你的想法跟我们采访的大多数交易员是相似的。不过前两天采访的一个交易员，他的回答让我觉得挺有意思，他不介意自己的孩子从事交易，并且说，可能不愿意让自己孩子做交易的人，更多是不相信自己孩子能有自己这样的运气。对此你是怎么看待的？

我觉得做我们这个类型的交易，运气不是占很重的一方面，但是确实也会有一定作用。比方说这些年中国衍生品市场发展很快，但是恰好我们运气好，赶上了这个时代，等到下一代不一定有这个机会。你看我以前是做外盘的，现在我们为什么不做了，外盘不好做，不如国内好做，但等到我们下一代，说实话，如果国内市场很成熟了，可能赚钱也不是那么容易。

我小时候家庭条件是很一般的，就是因为在上学的时候想赚钱，所以学的专业才往这个方向去，并不一定有那么大兴趣。比如说我们本科、硕士基本都是选择金融专业，就是觉得这个专业好像还很赚钱，但是其实你会发现在学校这个专业啥都没有学到，真正的东西都是你在市场当中接受的教育，而且程度还非常高。而且做交易这个事情，其中人的状态，让我觉得它并不一个是很好的职业行为。我们总结一句话就是，大事干不了，小事不愿干。大事，比方说让你去管理一家公司，管不了，肯定管不了，没有这个能力；小事，你说最简单的一些工作，让你去坚持，把这件事做好，比方说做基础研究，做基础实验，不愿意干。所以我觉得这并不一定是很好的职业选择。

我觉得如果有一个孩子，最好的选择，还是依据他的兴趣去选方向。任何一个事情都不容易，做交易也不容易，当科学家也不容易，任何一个职业都不容易，但是你有兴趣的话，面对它的不容易，你可能会有更大的一个承受力。而且其他行业的不容易,并不是以金钱为代价,顶多你付出努力就可以了,但是交易这个行业的不容易,很多时候是以金钱作为成本,可能对人还是有一点考验。哪怕你很有天赋,你没钱的话可能也很难走下去。所以我真的不推荐我的下一代去做。

你要说我为什么走上这行,我就总结一句话,男怕入错行。

能不能跟我们谈谈你交易路上最难熬的那段日子?

我其实觉得每一段很难熬的日子,都是你成长的机会。如果你要觉得难熬了,说明你现在确实还需要成长,但是说实话你真的希望自己去成长吗?有时候想想我也真的挺害怕自己再成长这么一个阶段,为什么?因为你成长就意味着你可能像蜕皮一样,像蛇每蜕一次皮可能会成长一些,但是每次都是很痛苦的,并不一定好,尤其是我们现在管理产品,我们的客户希望我们成长吗?我们客户希望我们已经"成熟"了,不要再"成长"了是吧?

所以我觉得可能还是最早的时候,对心里的这种考验更多一些。2008年次贷危机的时候，过去12年了现在我依然记得，当时我们在一个起步的阶段，基本上2006~2007年起步，刚起步一两年，见了2007年的大牛市，2008年紧接着就次贷危机，那时年初的时候基本上还好，只是觉得这种国内外是相反的，但是不太一致，但是整体市场都是非常牛的。2007年那时候原油价格升到147，特别欣欣向荣的一个局面，紧接着到2008年瞬间就不一样了，上半年的时候可能还是偶尔有点问题，但是到了下半年的时候完全就不一样了。10月份的时候我记得好多产品一个月跌停板，然后中国股市也是哗哗哗一下从6000多掉到1600，非常极端，很多朋友都熬不住。那个阶段让我觉得一切皆有可能，对市场尤其我们做衍生品，一切皆有可能，没有什么不可能。比方说我算得很清楚只有2%或1%的可能性，或者千分之一的可能性，但是实际上我们心里就清楚，哪怕是千分之一的可能性，但是真的来一次，其实你也是撑不住。所以我觉得经过2008年你就会知道害怕，任何一个人都是这样，我觉得知道害怕是很重要一点。如果你没有经历过，你肯定不知道害怕。有句话叫无知者无畏，所以心里面有所敬畏还是好的。

在你的交易之上，有没有什么人或者书，对你影响比较大的？

我觉得这个非常重要。因为我觉得，很多东西，你看我们本科、硕士阶段都学的金融，但是学不到这些东西，只有遇到一个真正懂行的人，告诉你这些东西，你才可能真的少走一些弯路，确实少走一些弯路。但是我并不觉得不走弯路不好，我觉得弯路也是要走的，完全不走弯路不现实，绝对不现实，走了弯路你才能够学到，能够成长。

我以前是做交易的，我就给我老板做交易，就是类似交易员，和我现在的交易员做的事情是一样的，每天对着电脑去交易，然后我老板其实也是干这一行，他告诉我很多东西，我觉得还是非常重要的，因为主要是他见过这一行的大风大浪，可能见过很多东西了，然后他带着我们去做一些产品，国外的衍生品。当时你是一张白纸，然后他把你定位为大概要去做哪一块，其实你是完全什么都不知道，他告诉你最开始应该怎么去考虑问题。如果没人告诉你最开始应该怎么去考虑问题，有的时候你是完全是蒙的，不知道该怎么样。你得出一些结论来，但有些人可能永远也得不出来，有些人可能花很长时间。虽然别人告诉你了以后，你也要再走一遍，你才能记住，要不然你是记不住的，但是有别人告诉你总比没人告诉你好一些。

关于书，我觉得在这个领域很多专业的书都是挺不错的，你需要懂一些这种基础的东西，就是日常的理论。但是我觉得你读什么样的书，可能还是抵不过市场的锤炼，还是要到市场中锻炼。

交易这么多年，你最大的感受是什么？

我觉得其实这就是一个概率游戏。

我觉得交易其实就跟游戏也差不了太多，真的就是一个概率游戏。但是很多时候，我觉得你要把它当游戏它就是游戏，你把它当职业它就是职业。好比说若干年以前，我们觉得体育运动也都是游戏，像乒乓球羽毛球，但是如果你要把它当职业做的话，依然可以做得很成功。尤其是社会越进步，可能我们细分市场会越来越细，很多东西虽然是一种游戏，但是依然能够吸引很多职业的人往里面去。

我觉得交易也是一样的，只不过这种游戏，它并不是纯粹以努力或者是以你的勤奋就能蹚出路的，你时时刻刻需要考虑概率和赔率。

交易与一般游戏不同的是，比方说你搞个体育锻炼，你定了一个目标，你不停地锻炼，练自己的技术，练自己的身体，最终很可能取得不错的一个结果。但是我们这行，我觉得是靠天吃饭，是时时刻刻是跟概率和赔率有关系的，很多时候我们不知道哪块云彩会有雨，但是你需要去提前准备。如果你准备好了真有雨了，你确实会有收益，但是如果没有雨，你也不至于有太大问题，也不至于说今年就饿死了，这是我们的概率游戏。

假如让你给刚刚进入市场的新手几条建议，你会给什么建议？

其实建议什么的很难说，但是我印象比较深的就是我领导最开始跟我说的一些东西，这些我觉得还是很重要的。对新手来说的话我觉得要做好三个基础的工作。

说起来也非常简单，就是你做任何事情以前一定要先做个计划，先把你的逻辑和理由写清楚，做了计划以后，然后真正你该怎么做就去做。

第二个就是做好交易记录，记录下今天做了什么，无论你那时候是怎么想的。

第三个做总结，你把这一周或者这一个月做完做总结，而你在做总结的时候，你就很自然地去看，我当时最开始第一笔交易的时候，我为什么去这么做，看你的交易计划当时的逻辑是什么，看看你真正下单的时候有没有按照计划去做，然后再做总结的时候就要看看，你按照你的计划做了，最后结果怎么样。

它是一个需要不断反复的过程，如果你不断反复地去做这三步的话，我觉得就算是再笨的人，他多多少少都会得出一些最基础的结论。

这个东西我觉得是不复杂的，做交易其实不是比谁跑得快，是比谁跑得远，所以你只要慢慢地把这个东西坚持一段时间，坚持个两三年，我觉得多多少少都会有所突破，这个是很重要的一点。

至于说其他的，你是基本面分析也好，技术分析也好，你是做高波动也好，低波动率也好，买波动率也好，还是卖波动率也好，你权利仓也好，义务仓也好，你是做牛市价差策略也好，还是其他价差策略也好，这个没关系，这不一而足，东西太多，但无论怎么样，只要你选了一种方式，把它不断地往上去套，时间长了你多多少少都会总结出来一些东西，都会有提高。而且这种提高，其实并不完全代表你赚更多的钱，其实有的时候你不用着急去赚钱，你自身如果见过的行情比较多，本身也确实具备一定能力，也具备一定的这种历史的宏观的框架之后，赚钱可能就是时间问题了。如果遇到合适的行情，你肯定会有结果。我觉得这个还是比较重要的，我们对交易员的要求也是一样的。

如果是对已经交易多年，但是还未稳定盈利的交易员，给他的建议会有补充吗？

倒没有什么特别的补充，我只是觉得这条路不是那么容易走下去。

成绩倒真的不能说明什么，因为你今年成绩好就代表以后永远成绩好吗？做别的那行，你可能还可以有休息或者有退休，但我们这行我觉得是没什么退休的概念的，只要你身体允许就可以一直做下去。一直做下去的话，如果你真的做了30年都做得很好，然后第31年上突然不行了，拜拜了，我觉得可能也会觉得很失败，因为你的职业生涯就全没了。

所以我觉得，想杜绝类似的情况的话，还是稳一点比较好，让自己走得更加长远一些。

当然有的时候说做交易能赚很多钱是吧？我觉得确实做得好能赚很多钱，但是这个钱，不是你本身水平的一个绝对的衡量标准，能走得远可能更能说明你的水平更强一些。赚钱的多少，可能有的时候还多多少少有一点运气的成分，希望每一个同行，尽量让自己的职业生涯持续得更长一点。我见过身边这样的例子，也很可悲，做了20年交易，结果第21年突然就干不下去了，我觉得很可惜。我觉得从某些方面上，这就相当于你另外一种精神世界已经死了。

湘楚公司总经理粟曙：不想做明星，想做寿星

跟我们谈谈你们公司？

其实湘楚公司主要还是想以稳健盈利跟客户建立一个长久的合作关系。我们主打的产品其实收益率算是一般，但是我们的回撤是非常小的。从大市场来看，其实能做到高收益率的私募特别多，但是我们在这个市场里面不想做明星，想做寿星，我们希望活的时间长一点。

从目前中国的整体环境来讲，私募机构换了一波又一波，我之前也做过主观交易，做过期货CDA，也做过股票多头，都做过。后来我发现石宇期权套利的策略，是比较符合目前市场的一个主观选择的，我是觉得现在的投资者也是比较偏理性的，不会再去盲目地做一些投机或者是高风险高报酬的一些东西，所以我们公司宗旨也就是想为客户的资金增加复利，这就是我们公司的整体走向，也不想再去参与一些主观上面的东西，我们现在都是交给计算机，我们的模型包括我们的一些风控系统都是自己研发

的，我们整个团队是从2007年开始做期权，做境外的一些原仓期权其他标的。

2015年国内上了50ETF之后，我们就开始转战国内市场，转成国内市场之后，从2015年到2020年，我们整体团队经历过股灾，还有熔断，一周两熔断那个时候。然后还有2017年上半年的低波动率，我们都经历过，除了2020年3月份回撤稍大，我说的稍大是在我们原来基础上可能是4个点左右，因为我们在这之前一直是保持2个点以内的回撤，所以我们的下浮率做得还是挺好的。

其实这一块我们也有所考量，之前我们是通过打理商会的资金来做这一块的私募业务，因为商会确实是偏保守的一个投资机构，所以养成了我们这种交易风格，想为客户做的就是，从安全垫开始，到我们的收益成型之后，一直是保持稳健上升的一个趋势。

客户也不希望看到太大的回撤，因为我们的客户结构有很多是这种高净值客户，很多都是做贸易出身的，他们的需求就是需要资金灵活，不希望在赎回的时候是处于一个回撤的状态，这就是我们与主观策略的一个比较大的区别。所以说在任何时点赎回的话，我们都是在盈利的，因为我们每个月都会收取权利金。我们也是抱着这样一个为客户资产稳步增值的心态去做交易。

刚才你也说到，2007年就涉足期权市场了，13年时间了，你对于国内的期权市场怎么看？

我平时也不做期权交易，但是对期权这一块的市场还是有所了解，像现在交易量全球排名第二的韩国，他们的金融市场和期权发展其实也不久，但是他们体量吓人，非常惊人。我们国家从2015年开始到2020年，交易量每年基本上是以超50%的比率增长，参与的人越来越多，参与的机构也越来越多，那就意味着我们期权的交易量，包括我们的策略容量会越来越大。

所以不管怎么样，从长远来看，我们的策略应该是顺应市场，整个市场。

徐华康点评

大家可能理所当然地认为，北、上、广、深是绝大多数私募公司的所在地，而量化及衍生品交易由于杠杆大，又需要有经验的交易人才能创造稳定的绩效，基于人才效应，理论上更不可能离开那些一线大城市。然而这次期权大赛在湖南长沙却出现了一匹黑马，跌破了众人眼镜。湘楚私募公司进入榜单不是昙花一现式运气的出现，他们是一开始就进入了前几名并就在那落地生根，连续数月不动如山，访问后更发现他们的理念确实值得我们学习与深思。

湘楚公司的石宇老师这次在私募大赛中取得非常好的成绩，不仅报酬率十分出色，回撤也控制得非常好，就如同他们在接受访问中所说的，要做一个稳健盈利且在长期能够取得客户信任的产品，至少在2020年的绩效数字上，湘楚做得是非常到位的。

有十几年期权交易经验的石宇老师，2007年即开始了衍生品的交易，初期以做海外市场为主，2015年期权开始时即进入了国内市场，期间经历了2015年的崩盘、2016年的熔断、2018年熊市下跌及2020年的新冠疫情危机。多年的交易经验，且又经历了金融海啸类的大风巨浪，这些宝贵的经验更是难能可贵。这几年，有崩盘式高波动率的极端行情，也有要死不活、平静无波、IV低于10%以下的行情。不管在市场做多久，十年、二十年或三十年，要随时保持警觉心，把风险控制放在绝对的第一位，因为一次的不小心，可能永远跟市场说再见。所以石宇老师总是把风险管理放在第一位，并用意深远地说：交易不是比谁跑得快，是比谁跑得远。一语道出在交易上最应该注意的事，不是你拥有最好的爆发力就能一夜致富，而是在日复一日的交易中，长期稳定获利，在市场长久稳定地赚钱。

他对投资朋友的建议，也是非常值得学习与参考的。在交易上要永远记住三个基础工作，做好交易计划，做事务历史记录及定期总结。这不是一次性的工作而是长长久久必须努力反复去做的几件事，如果能在这件事上长期不断反复坚持，不管是什么资质的人，相信他一定能在交易上脱胎换骨。另外，在访谈中石宇老师认为，不管是什么样的交易方式，"你是做高波动也好，低波动率也好，买波动率也好，还是卖波动率也好，你权利仓也好，义务仓也好……"只要把一个交易方式不断淬炼并不断改进，一定可以有所精进，赚钱只是时间的问题。把一件事做到最好就可以赚钱，这一个浅显易懂的道理，但许多人却忽略了，这个主张确实令人印象深刻。

而期权交易是石宇老师团队十多年来总结出来的最能为他们客户提供稳定收益的交易工具。在摒除了盲目追求暴利及高风险的交易后，期权套利交易不仅能为客户提供稳定的报酬，也提供给客户复利的机会，通过量化的交易，也让这场概率游戏能更长长久久地发展下去，确实也符合公司"不想做明星，只想做寿星"的愿景。

徐尧

交易的两个核心

在做交易之前,你要想办法减少对交易对象的认知偏差。你一定要对所做的交易对象十分了解,并且不是简单的了解,而是要达到专业级的了解。你到底在做什么,做的这东西客观上它到底是什么,不要带一点点自己的假设和幻想,要把它看懂了,一定要清楚自己做什么。

我觉得交易的核心,就这两个,第一条,你真的看懂了;第二条,你真的执行纪律了。市场永远不会亏待那些守纪律的人,它只会亏待那些妄想的人。

交易的两个核心　　徐　尧

方正证券南京太平门东街营业部
专业组第四名 综合得分：36.86分

江苏金亨文化产业投资有限公司总经理，南京人。20年证券市场从业经历。2016年开始专注研究国内期权市场，从2018年至今，每年都获得超过20%的绝对收益（24%-27.8%）。重视理论与实践相结合，强调交易纪律，追求稳定安全的可控交易。

能取得这样的成绩，你觉得自己交易中主要做对了什么?

你这个问题问的就太大了。我现在简单说一下两个大的方面。

一个方面就是你一定要对所做的交易对象十分了解，并且不是简单的了解，而是要达到专业级的了解。你到底在做什么，做的这东西客观上它到底是什么，不要带一点点自己的假设和幻想，要把它看懂了，一定要清楚自己做什么。我发现大部分人在做交易的时候，经常会认为自己懂了，认为自己了解了，但是实际上并不真正理解。

举个例子，比如说我们大部分人认为债券是没有风险的，我们的认知里，国企AAA债券肯定没风险，但2020年11月份就出了一件事情，永煤债就直接违约了，让整个债券市场——当天有很多债券包括3A的大国企债券——跌下去40%，比股票还厉害。从一般人的认知上来讲，对债券来说，1%应该都是很大的跌幅，这种认知的偏差我们每个人都有。所以在做交易之前，你要想办法减少对交易对象的认知偏差，你要彻底搞懂它，越复杂的交易，越要搞懂。期权交易是目前人类最复杂的交易之一，如果不搞懂，风险非常大，它的杠杆随便都在20倍以上。这是第一点，一定要搞清楚你的交易对象是什么，它的所有的风险边界在哪里，全部要查清楚。

第二条就是纪律问题。你在做交易的时候，要严格地按照你制定的策略、规则去做，不能想当然，不能抱幻想。

再举个例子。比如说我们设好了某个位置止损，很多人到了这个位置，他会想，我现在不止损，它回去了我不就赚了？我现在止损万一它又回去了，我不就白止了吗？我可以再忍一下，我可以再推迟一会，我再观望

交易的两个核心　徐　尧

一下。很多人有这种想法，他们可能不把这当回事或者不把这看得很严重，在我们来看这就叫幻想。你自己定下来的规则，自己定下来的策略，自己定下来的纪律，到时候看能不能100%执行。这一条讲起来容易，做到的人又很少。

所以我觉得交易的核心，就这两个，第一条，你真的看懂了；第二条，你真的执行纪律了。其实你做到这两条，很多交易就简单了，其实你自身的压力也会比较小。其他的都是细节上的东西，你可以靠花时间自己去慢慢学。但是，核心的这两条，一定要做到，不管你在做什么交易。

很多人跑来问我，你告诉我怎么样才能挣钱？你们是用什么策略？你告诉我一个挣钱的办法？有的时候很难回答，因为我们挣钱的办法，其实在教科书上，甚至在交易软件里面，本身就存在。期权常用的，在所有交易软件里面也都有，蝶式啊，鹰式啊，宽卖啊，市场价差，偏态，全部都有。可能我们比别人更清楚的是我们对这些策略的变化和风险，研究得比较清楚。我们知道这种策略未来的变化、极端的变化会是什么样子。很多人看到了策略，他就觉得掌握了赚钱的办法,其实我觉得还是要把它内在的东西弄清楚。

你做交易有多少年了?

我是从2015年开始真正做期权交易,之前做过几年股票。现在主要做期权。

在期权领域,你想赚的是哪部分钱?

期权可以让你赚好几种钱,它可以让你赚时间价值的钱,也可以让你赚波动率回归的钱或者波动率上升的钱,甚至于你可以赚到价格变化的钱,就看你自己合成什么样的策略去赚这个钱。

当然再加一句,前提是你合成策略之后,你要搞清楚策略的风险,要把它的极端风险考虑进去,先别想挣钱,在挣钱之前先想好,你这个策略最大的风险,你未来有什么办法规避?先不要想着我这个策略弄好了,我能挣多少钱。先考虑好如何规避风险,只要不输,迟早会是挣钱的。

理论上讲,每种策略我都可能会采用,就看你最后怎么处理,在行情变化的时候,每种策略体现出来的风险不一样,看你怎么处理风险。

这种全面采用各种策略组合,要考虑的东西太多,对你的交易会有一种干扰吗?

还好,期权说复杂复杂,说简单也就是六七个指标,这个东西还是能控的,你熟练了,你把边界都看清楚了,其实也很简单。早两年我们做期权的时候都是好几个屏幕同时看的,这边合成价格,那边合成什么隐波曲线,这边又是偏态曲线,等等。我们现在其实监控都很简单,就一张Excel表,我们自己做,我们自己算。当然前提是真的得很清楚,你所有的策略组合的风险,它怎么变化,等等。

如果说让你给刚刚涉足交易的新手一些建议,你会给什么建议?

首先还是刚才说的最重要的两点。交易标的一定要清楚。然后一定要做风险控制，一定要算清楚极端风险，一定要算清楚你能不能承受。再然后是纪律，千万不能想当然，千万不要抱一点幻想。有一句话，市场永远不会亏待那些守纪律的人，它只会亏待那些妄想的人。

如果要做一个交易员，是否有些人就特别适合，有些人就不适合？你认为哪种性格的人更适合做交易？

这个问题问得特别好，但是也特别不好回答。

第一种交易员，他把整个风险都估计出来了，又严格执行纪律，我相信这种人可以赚钱，而且是长期的赚钱。

还有些交易员，他们做很快很短的交易，对自己的交易逻辑事实上没有完全想清楚，但是他就是能赚钱。有挺多这种人的，这也是我很困惑的地方。但是，我跟他们交流过以后，发现他们在风险控制上面是做了不少工作的，比如说他们严格地执行纪律，而且他们做的是短交易，就是时间和区间都很短。短交易的前提是你要保证盘感特别好，能够大概率的赢。但凭感觉或者凭他的经验是不是能长期盈利，这个我们不知道。我们也看到很多这种一段时间内很厉害的交易员，但是不是长期的不好说，因为没有办法让我觉得他长时间一定能做好，至少很难说服我自己，当然我不是说他做不到，我们现在讲的是一定的，一定和可能是差别巨大的，这完全是两件事，所以这个是存疑的。

还有很多交易员，纯粹凭经验和幻想去做交易的，一般都被时间证明是失败的。

你以前也涉足了不少其他的品种，是什么原因让你最终选择把期权作为主要的领域？

从我们的角度来看，所有的股票也好，期货也好，它和期权在交易上有一个重要的不同点。股票和期货不管进场之前研究得多好，即使说已经研究到极致了，一旦你进场建仓之后，你只能祈祷行情符合你的预计，你最多只能做个止损，做个割肉，除此之外其实你没有任何其他办法，然后你只能是等待，你在中间完全没有办法去改变头寸的风险结构。如果行情跟你的持仓是相反的，你的风险就只能是越积越大。但期权不是的。假如行情跟我设想的不一样，我们在盘中可以用另外的策略对冲原有的策略，可以直接把风险度降下来，也就是说在开仓之后，你仍然有办法进行风险控制，这是个巨大的差别。我可以在不离场的情况下对冲掉我的风险，当然也会增加一点成本。

能否谈谈你在交易中经历过的特别难熬的时候？

基本上每个做交易的人都会经历这种事情。一个原因是我们没看懂，你没真正搞懂，你以为你搞懂了，可是你其实没有。然后市场告诉你，不是这样子。你认为自己懂的市场突然间变成一个你不懂的，这种情况发生的时候，整个人就傻了。第二个就是，在幻想而不是执行交易纪律，然后你的风险程度越来越大，大到无法收拾，然后就傻了。

大概做交易都要经历这两件事。自己以为看懂了，市场告诉你你没看懂。或者自己定的纪律执行不了，造成巨大的损失。

如果将来你的孩子想全职从事交易，你会赞同吗？

我不会去干涉别人选择。强行干涉的话，那你是能提供一个更好的，还是说你能提供一个确定性更高的？我也不会对孩子说，你这个不能干，然后我也不会告诉他应该干什么。

我觉得一些交易员不想让自己的孩子从事交易，可能是因为他怕自己的孩子没有他的运气。

徐华康点评

我是2018年认识徐尧老师的，他的年纪与我相仿，是一位专职且专业的投资者，见到面的第一印象是心理素质强大、充满自信心、喜欢学习。徐尧老师原先以投资股票为主，但在接触期权之后便以期权为主要的投资标的，在主要投资期权前，他就把期权的原理、模型及交易规则摸了个透，甚至为了要了解如何行权，也使用权利方和义务方参加了几次行权，对于这样的学习态度，我只能打从心里佩服。所以他一直用坚定的语气说："对你的交易对象要完全了解。"

过去两年，徐尧老师的绩效一直很好，不管是什么样的行情，包括2020年初新冠疫情下的快速崩跌，他的绩效似乎没有受到外在行情波动的影响，因为这些大的波动风险，在事前一直都被考虑到。这是对策略的完全了解：永远知道自己策略的极端风险在什么地方，千万别存有任何一丝的幻想，这就是徐尧老师交易的一贯风格：策略长期不亏钱，严格地执行，长期一定会赚钱。在任何时候，他也是一直这么做的。

说得到但是否做得到，一直是成功交易者与一般投资者最大的区别。期权策略交易看似很复杂，但徐尧老师把教科书中那六七种指标做到彻底了解，然后根据行情反复地熟练运用，最后就能熟能生巧。

从这些年的一些交易风格上也可以看出，多年来，徐尧老师一直在深耕熟悉的领域但风格不变。徐尧老师虽然认识不少有经验的交易员——胜率很高也挣了不少钱，也认识一些短线交易者——短期赚钱也很快，但他却始终不受其他交易方式的干扰，一直坚持自己的交易原则与风控，将自己的交易优势发挥到极致，从不随波逐流。这与我在市场上见到的一些无法赚到钱的交易者大不相同，那些人交易上没有自己的一套系统或自己的交易核心理念，一看到短线好做就跑去做短线交易为主，看到权利方好做又跑去做权利方，看到趋势好做又去做了趋势交易，交易

交易的两个核心　徐　尧

一直被当时的市场情绪拖着走,没有纪律,全凭当时自己的经验及感觉而已。徐尧老师的做法,值得这些朋友多思考学习。

虽然对徐尧老师的访问已经过了一段时间,但他说的这句话时不时在我脑中出现,久久挥之不去,"市场永远不会亏待那些守纪律的人,它只会亏待那些妄想的人",这句话由一位市场赢家说出,我觉得格外铿锵有力。

刘搏

只赚自己看得懂的钱

不要贪。我永远是市场上面最蠢的那一个。不要觉得你是最聪明的或者很聪明的,实际上你是永远赢不了市场的,要有不跟市场对抗的这种意识。

50ETF的话,核心资产,除了国家队想搞事以外,其他的也搞不动。趋势一旦形成,可能会比较明确,顺着来就可以。

方正证券益阳南县兴盛大道营业部

个人组二等奖 收益率840%

刘搏，现居深圳，富德产险总公司综拓开拓部处经理，2020年5月开通期权，风格稳健，偏好远期期权，以趋势为主，技术为辅。

你做期权多久了？

我2020年5月份开的账户。我其实之前没做过期权，股票玩了十来年，算是有点基础。

你上学时学的什么专业？

工商管理，很一般的一个专业。我2008年毕业，毕业后就开了个股票账户。其实上学时候已经接触了股票，2007年是一波牛市，在那一波的时候就接触了，毕业进场刚好成为那一波的韭菜，被市场摧残，被一刀又一刀地收割。

跟我们谈谈你交易路上特别难熬的时候？

2015年股灾的时候，那段时间特别难熬，基本上账户每天就是一个跌停，本来是赚了一台7系的，后来变成亏了一台5系了。

目前在股票市场上稳定盈利了吗？

是的，基本上每年百分之二三十。

经历过2015年那段难熬的时间，你后来怎么走出来的？

从2008年进场到2015年，我也算是走完一个完整的牛熊市。当时就想，本金我没亏多少，反正又没亏得很深，只是把以前赚的还回去了，然后小亏一点。心态调整好以后也没特别低落，反正那一段时间心态锻炼得还是比较好。2016年起基本就开始稳定盈利了。

在那个时候，你的交易系统形成了吗？

当时我还没有交易系统这个概念，因为当时买的更多的还是价值类的股票，当然我可能也是运气。后面的话慢慢地就形成自己的一定风格了，心态也不那么急功近利了，然后有的赚就可以了。

在市场上，你主要想赚的是什么钱？

我只赚自己看得懂的那部分钱。比方说，有一个波动的话，我也是吃中间的一小部分，我也不会从头吃到尾。

所以你是以做趋势性方向为主？

对，目前的操作大部分是以趋势性方向为主，刚好移到期权这边来的话，我觉得就很好用，主要还是做买方。

我5月份开通期权，也没认真看书，也不懂那么多，什么四个方向还是六个方向，我就只知道两个方向，一个涨一个跌，所以我认真把这两个搞好，有钱赚就可以了。一开始，我只是放点钱在里面玩，主要精力还是在股市，当时是6月份，想着反正亏了也无所谓，没想到7月份它就拉升那么大一波，但是涨了4倍的时候我就出来了，出来完以后天天看着它涨，后来涨到90倍去了，那段时间还是比较后悔的。因为我股票那边赚的比较多，我就没关注这边了。

等到它震荡的时候，营业部的老总发来一个名单，就是期权的排名名单，当时我的排名是第14名。我觉得还挺有意思的，就继续玩，然后刚好是震荡的时候，我就做波段趋势，慢慢地又翻了1倍，就到8倍还是9倍。50ETF，基本上除了国家队做庄，一般人做不了庄，还是挺容易判断的，趋势也挺明显的。

有一天排在第一名的时候我其实有点飘，就感觉自己技术好像很厉害的样子，后来10月份有个方向就做错了。做错了以后仓位直接是砍半的，本来是获利10来倍的，然后直接掉到只有五六倍了。

那段时间我开始反思，这不行，这个肯定是自己哪方面有点错误，然后也有点想再把名次提高。后来就做了一个移仓的动作，把剩下的那部分仓位补进去。后来在11月底的时候，也就是11月30日的时候，那一天好像我买的品种就直接翻倍了。我本来是赚四五倍的，后来翻到八九倍了，然后我就直接把它卖了，这个赛季就结束了。

你觉得在交易中能够稳定盈利，你主要做对了哪几点？

第一个是判断趋势，这个是首要条件。

第二个是我的那些技术指标之类的，我觉得掌握得还算可以。基本上是先确定方向，然后再依据技术进出场，就这种类型。趋势的话，我觉得最简单的就是MACD和KDJ了。

你的做单周期一般是多大？

做股票的话，我一般是周线级别，然后期权的话，我现在真的还只是摸索阶段，主要拿60分钟级别和日线级别来做期权。

因为我还有其他的工作，平时没有时间盯盘，我盯盘的话领导就把我盯着了。

期权目前是主做50ETF？

对。因为50ETF的话，核心资产，除了国家队想搞事以外，其他的也搞不动。趋势一旦形成，可能会比较明确，顺着来就可以。

你现在做了12年的交易，在交易路上，有没有对你影响比较大的人？

人的话，在2015年股灾的时候，我是进入了一个股票群，然后里面有个人就在提示，风险已经很大了，要撤出来。他刚说完大概15分钟的时候，股市就开始急速往下跌，所以我加了他的微信，然后跟他学。我一直叫他师傅，但是他也不认我。他是某大型央企的一个高层，自己在里面大概有几千万资金，在股市里面应该玩了二三十年。我跟他聊得来，他也时不时地透露一些投资知识之类的，跟着他我也算慢慢地度过了比较难熬的那个阶段，所以他对我影响还是比较大的，我现在的交易风格基本上是从他那边学到的。

你现在的重点还是股市？

是的，股市是重点，期货等都没有涉足。因为我是比较稳健的那种，不想风险那么大。期权的话也只是偶尔试一下，在期权里面自己也能够把握一定的风险。因为它跟股票关联性很大，我也比较擅长那一类的，所以自己也还是能够把控的。

你觉得在你目前所从事的领域，你的个人优势是什么？

我选股票的时候，肯定是选有一定几率变好的股票。首先是选行业，再选公司，我先筛了一部分以后，再看一些相关的技术指标，大周期的技术指标，判断完趋势以后，再根据小的那些周期的指标来进行操作。我不会去看市场上面它公司的那些消息，我觉得 K 线的话是最诚实的，所有的东西都已经反映在里面了。然后资金也是最诚实的，你把量和价的关系搞懂以后，也大差不差了这样。

你做交易这么多年，感悟最深的是什么？

感悟最深的是不要贪。

第二是，我永远是市场上面最蠢的那一个。你不要觉得你是最聪明的或者很聪明的,实际上你是永远赢不了市场的,要有不跟市场对抗的这种意识。

你是如何进行风险控制的?

我是有一些仓位控制的,比如说一般买只股票的话,我会先建三成仓,然后再拿三成去做一个波段性的操作。如果是对这只股票很坚定的话,我基本上会全仓持有,然后再融资来做一些波段性的操作。差不多到我的目标价格的时候,我就全部给抛了。

这个"差不多"的目标价格,你是根据什么决定的?

根据之前说的量价关系之类的,以及技术指标,然后判断一个目标价,再在这个目标的下方选一个卖点。

你做股票期权的时候,是把这套进出场的依据直接移植过去的?

差不多,但期权的话我觉得更简单一点,就没有那么多杂七杂八的。我主要是根据50ETF标的的技术走势来判断，比方说50ETF现在是3.4，我判断它一个月以后达到3.6，我就在这几天的范围内，选一个比较低的价格买进认购，或者现在是3.4，然后判断过段时间达到3.1的话，我也会在这一段时间选一个比较低的价格买进认沽。

我目前的话不能长时间盯盘，只能靠这种跨度比较大的，我是买的远期的一些虚值期权。

徐华康点评

刘搏老师在期权交易上是一位新手，但是在投资市场中并不是一位新手。他虽然2020年5月份才开通股票期权，且进入期权市场之前，也完全不了解期权市场，但却早已深知期权是一个高报酬伴随着高风险的投资品种，所以他完全可以在6月份进场赚了4倍之后出场，眼睁睁看着出场之后的仓位最后获利90倍之多，却没有冲动进场想去获取更大的报酬。虽说那一阵子股票赚得少，但这也显示了刘搏老师在心态上非常成熟，没有因为少赚了那一份原本不属于自己的钱而在心理上受到太大的冲击。避免在心理受到过大的冲击，从而就可以减少决策上犯的错，自然在交易上就有较高的胜算。

不得不说，刘老师对情绪的管理做得确实到位，交易上也做得进退有据。为了避免情绪化的交易，最好的方法就是采用固定式指标讯号来做进出场决策，在此刘老师是采用了MACD及KDJ两种常见的指标来进出场。我们深知在交易上，有时情绪就如同一匹脱缰的野马四处狂奔，盘中靠理智及意志根本无法控制，所以在交易之前，必须将内心深处的那匹野马栓好，以避免在交易时失控，而最好的方法就是事前选定好交易的讯号指标作为能够牢牢栓住野马的缰绳，以使无论遇到什么情况都可以轻易掌控。这也体现了刘老师做股票这么多年的深刻感悟，是交易戒之在贪的最佳具体做法。

另外，在交易上，刘老师也展示了通常最简单的方式也是最好的方式，会赚钱的方法通常也不会很复杂，以自己拿手的方式即可。上证50期权的标的资产就是上证50ETF，所以刘老师用最拿手的趋势追踪ETF的方式来交易期权：在有看法时，耐心地等待进场时机。由于进场非基于随性，或根据消息面一头热地盲目进场，故他很清楚自己在做什么事，这也是交易上非常良好的品格。在消息及耳语充斥的我国股市，投资人很难不受消息影响。受制消息面的投资人，无法独立思考，欲信则唯恐有诈，不信则内心疑虑难除——这如果是真的怎么办？无论如何，最终都会使我们的交易无所适从。但刘老师的交易，不管在股票交易或期权交易，都是充分体现克服情绪、服从理智逻辑的典范。

兰楠 & 聂雄

不要亏不该亏的钱

如果出现比较大的亏损,通常来说,先离场。只有离场的时候,我们才会让自己的情绪初始化,像电脑重启一样,回到正常的界面,我们再重新考虑这个市场,再重新考虑我们的布局。现实情况怎么走?我们需要怎么样的布局?才会有这样一个思维过程。如果一直在场内,持有头寸的时候,你没那么冷静。

方正证券长沙五一东路营业部

嘉发期权研究权利巅峰二期 专业组第六名 综合得分：35.38

兰楠，深圳嘉发基金合伙人兼基金经理，上交所期权高级策略顾问，深交所期权策略师。证券从业9年、历任广发证券、华龙证券、方正证券。目前主要负责嘉发资产私募基金系列产品交易工作。

能取得这样的成绩，在交易中你主要做对了哪些事情？

其实做交易的话比较简单也比较难，我们需要做对的事，该盈利的钱拿到手，不该亏的钱不要亏，这两点做好就可以。如果说这两点一定要选一个优先选择，我们肯定是把不要亏不应该亏的钱放在前面，换句话说把风险考虑前面。很多人做交易第一个感觉就是，做了这么长时间，你如果让他回忆，他肯定能回忆起自己赚20倍、100倍的这种交易，但是如果让他回忆亏多少的时候，他不一定能回忆起来。人的一个自我保护本性就是这样的。我们很多人做交易，如果说在保持盈利的情况下，能够把亏损降低的话，实际上收益率就会不停地往前滚。其实我们在做交易过程中的出发点，就是尽可能地减少自己的亏损，所有的交易策略都围绕着这一点去展开。

所以比较满意的是做风险控制这一块。

我比较满意的是我首先有这个意识，把风险控制放在第一步。第二是有方法去解决，如何实现风险控制。第三个就是执行。这几个步骤都是我现在做期权交易相对来说比较有心得的地方。

徐老师经常有一句话是"你想赚什么钱"，在市场当中你想赚的是哪一部分钱？或者说你的交易逻辑是什么样的？

徐老师这句话确实也是让我受益终生的。以我的策略而言，可以这么说，我在今年之前大概做的策略就是方向性的，换句话说赚Delta或者Gamma的钱。在今年这样方向上波动比较大的行情当中，我逐渐演变成在赚方向上的钱的同时，在方向不明确的时候，我会转向去考虑波动率，所以在交易策略上就比较清晰地展现，比方说这一段时间我如果说要赚Delta或者Gamma，那么我就在方向上判断支撑和压力，相对比较确定的时候才会去加仓做这个事，不确定我会离场。我们有固定的一个指标去跟踪波动率，现在研发的一个策略，就是跟踪波动率，抓波动率趋势这么一个交易模式，你就希望能够抓住本质，比较大的升波或者降波的这么一个阶段。

从事交易之前，你做过其他职业吗？你是怎么看到期权细分市场的？

做期权之前我是做计算机网络的，也做过编程，是做IT的。我是跨学科，本科学计算机，研究生才学的经济学。做期权交易之前，股票或者是期货，甚至外汇我都有涉及过，对其中带杠杆的这种交易模式也相对比较熟悉。期权在原来线性交易的基础上加了波动率跟时间两个非线性的因素上去，但是它的交易理念，以及交易对风险的控制门槛是一脉相承的。所以做这一块我还是比较顺手，过渡期也比较短。

期权跟其他产品相比有什么特别吸引到你的地方吗？

期权最大的特点就是，每个人做的策略，每个人的想法都不一样，而且你完全可以按照你的想法、你的思路用期权去实现，这一点是用其他工具没法做到的。你对未来市场行情的预判，是一天涨到1%，还是两天涨到1%？对于做股票或者做期货来说，只要结果和起点是相同的，它的收益相同。但是对于期权而言，你的预判或是说策略组建得准确与否，收益率有天壤之别，这一点是期权最大的特点。因为这个时间价值体现是特有的，时间价值和波动率是特有的。你对市场把握得更精准，实现的收入就会跟别人差异非常大。

能否谈谈你交易之路上最难熬的日子？

其实做交易最难的就是你要建立一套自己能够信任的系统，不是让别人信任系统，而是让自己能够信任系统。就是说我们怎样通过一个系统确定进场点、出场点，然后确定仓位怎么控制。这个系统确立的话，你需要很长的时间以及很长的交易记录来证明你的系统是稳定可行的,这个才是最难熬的,而且你可能会面对市场上的各种交易系统,以及你在亏损的时候对这个系统产生的不信任,这个时间才是我们最难熬的时间。

其实建立交易系统容易,坚持和优化更难。我现在做的事情其实是在现在系统的基础上去优化,或者说去适应市场各个阶段,而不是说我开发一个系统、两个系统、三个系统。我常常说的一句话:在一个70分的系统中坚持到底,比在两个90分的系统中左右摇摆更好。

你是如何进行资金管理的?

按照我之前的习惯,如果是就期权而言的义务方的话,1万资产刚开始开仓的时候,我们尽量是2万一张。如果是权利方的话,是不超过总资产的2%~3%。不光是小资金的问题,比如一个产品刚起步,不可能说我有100万就全部用100万去做,这是不可能的事,因为杠杆太大了。你刚开始赚钱还好,如果一起步就是亏钱,你的心理压力会非常大。而且一旦亏钱放大之后,你到后面就根本不敢再做了，你想想看，之前如果是只用20%的资金去做，亏损的时候你再降仓用10%的资金做回来，这是有可能的。但是你如果刚开始是用100%资金，你再降仓下去，用10%、20%做回来，它时间和成本都是非常高的。

交易中的压力和焦虑你是怎么缓解的？

压力和焦虑的话，其实我们的交易员在停盘的时候，或者说在睡觉的时候都会受这样的情绪的干扰，这也是人性在交易过程中不可避免的东西。怎么说呢，我们所有定的策略也好，定的方式方法也好，都是围绕着如何去规避或者降低人性对交易的干扰，比方说盘前的计划，盘中的执行，还有一些小细节。我们在开始开盘的时候，小技巧就是，你不交易，别打开账户去看市值波动。我们在盘中做出决定的时候，往往是不冷静的。盘中震荡时，你看见一个阳线上涨，你就买涨，看见一个阴线下跌，你就去追跌。这种东西非常影响你的心情，所以说我们从事前交易的角度会定一个指标，这个指标是什么呢？就是没有触发指标我们就不平仓，那么这个时候，你唯一需要关注的就是有没有触发。到了观察点，我们再去做这个事。

交易之后的一些事，通常跟个人的爱好有关系，比方说喜欢唱歌的，喜欢运动的，都能比较好地释放压力。像现在有些人，一旦资金仓位过重，他们都会梦到K线图，这个不是我一个人会有。但是如果说我喜欢去运动，有的人比较喜欢踢球的话，踢完球回来直接就睡着了。

所以交易前做好交易计划，减少交易当中的压力，然后在交易之外，业余的话要有自己生活中的兴趣爱好，可以缓解一些焦虑，我觉得体育运动是比较健康的。

你交易中有爆过仓吗？

没遇到过，没有爆过仓，可能跟我的仓位一直不会太重有关系。

当然我也在想，如果遇到爆仓我会怎么做。爆仓的话，其实也没有想象的那么严重。无论是不是爆仓，如果出现比较大的亏损，通常来说，先离场。只有离场的时候，我们才会让自己情绪初始化，像电脑重启一样，回到正常的界面，我们再重新考虑这个市场，再重新考虑我们的布局。现实什么情况,我们需要怎么样的布局,才会有这样一个思维过程。如果一直在场内持有头寸的时候,你没那么冷静。

能否给持续亏损或者是还没稳定盈利的投资者一些建议?

其实在期权的世界里什么东西都可以用期权的四个希腊字母去解释。我们刚开始交易期权是不知道希腊字母的,但是交易了之后,我们会去找为什么亏损,在哪个地方,是亏的Gamma?亏的Vega?我们赚钱赚的什么东西?从这个角度我们可以理性地有逻辑性地去分析我们赚什么钱亏什么钱。那么我们可以统计后面数据,以往亏的都是什么?我们总结出来之后就知道为什么会亏,然后针对这个原因再去寻求一些改变。我建仓的布局是不是没有按照我的逻辑去建仓?找盈亏归因分析这一点还是比较重要的。

身边的交易者有没有你比较认可的?

像我们之前的同事,李海磊。他确实对自己交易的整个体系是有充分理解的，因为我们做交易的话，不仅要对交易手法有理解，更重要的是对自己有理解，就是我做方向，我能不能承受方向上波动的压力，如果不能我根本就不想做，有一个东西放在那我也没法做。所以做交易确实要对自己了解，知道自己能做什么，不能做什么。我觉得他是能够很清楚地了解这些东西，所以知道该做什么不该做什么。

聂雄：追求确定性交易

深圳嘉发资产合伙人兼投资总监。曾任职方正证券总部期权推广人。证券从业8年，历职国泰君安、广发证券、方正证券，目前主要工作负责嘉发资产私募基金系产品管理。

本次实盘大赛，公司两个产品获奖，分获专业组第六、第七名。你觉得交易中最重要的事情是什么？

万物相通，道法自然，交易其实就是我们对生活的感悟和认知，收益是我们对自我认知和交易认知的变现。我把交易分为两个层面的问题，一个是"道"，道的本意其实就是普世价值和根本规律，道延伸到交易里面就是共识和确定性；一个是"术"，术的本源是交易和自我，交易中进化，人性上修炼，共同追求精进。

追求确定性交易是我们终极目标，在市场中有这几类确定性机会我们可以用期权实现：

第一，时间流逝是必然，可以借助中性对冲策略实现。

第二，情绪回归于平静，可以借助波动率交易策略完成。

第三，指数相对的恒强，可以指数增强策略。

第四，扭曲的纠正是必然，可以套利交易策略。

本次获奖产品主策略是中性对冲交易，通过把不确定性的方向对冲掉，然后赚波动率回归和时间价值耗损的钱，从大的逻辑或者长远看我们一定是赢钱。关于中性对冲我觉得最为核心的问题，还是得回到期权的基础标的，这也是期权交易的起点，所以对标的具有一定的预见性，是人工对冲相比电脑对冲最大的优势。

徐华康点评

兰楠老师是我非常熟悉的同事，从2018年我来方正证券后就一直是我们"权英会"的成员之一。他是一个非常热爱交易的人，以前在方正证券重庆营业部时就搞了一个投顾产品，每日提供期权的交易建议并追踪其绩效，在2019年绩效非常好，年化报酬可达50%以上，这也使他对长久以来喜爱的交易燃起了信心之火，所以在2020年毅然决然离开重庆去广州的私募公司开始了交易员生涯，而这次的比赛也是他成为交易员后第一个交易的成绩单。

兰楠老师在这次比赛中最满意的还是在风险控制上。在做交易的时候，他首先以风险能掌控为前提，再去计划交易的内容，然后才是确实执行。这三个步骤虽然看起来只有简单的几句话，但能实际做到还是要有非常足够的市场经验及良好的心理素质。在兰楠看来，一个好的交易计划都是在风险能掌控的前提下开始发展，并且不以最大的获利为前提，并要能够确实地执行，只有这样才能完美地完成这个交易计划。换句话说，风险小且能赚钱的交易计划，才是会被优先考虑的。

只要是交易员，一定会受到心理因素的干扰，要如何减少或消除心理层面的压力呢?兰楠老师提出的建议有两个，一个是要做交易计划，另一个则是要有个人的生活爱好，而运动是一个极佳的选择。由于长期运动的结果，兰楠老师不仅完全看不出来实际年龄已经40岁，而且身体及心理也保持着一贯的健康及抗压性。先有交易计划会让你在盘中做出正确的决定，而运动则会使个人在盘中面对巨大压力时能够有更好的抗压性。

付先生

要把最坏情况考虑进来

不要抱一夜暴富的想法，要有一个相对来说切实可行的收益率的预期。

你不可能100%预测准确，那就要考虑一些极端的情况，做一些相应的防范措施，然后去做这种大概率的事情。

方正证券长沙桐梓坡路营业部

个人组二等奖 收益率910%

付先生，非金融从业者，但出于兴趣爱好，自大学起就接触股票，工作后再逐渐接触到债券、期货和期权等。通过不断学习理论以及在实战中的不断试错，总结经验教训，逐渐形成一个比较完整的投资分析框架，把股、债、期货及期权等的投资放在经济周期里，来通盘考虑在不同阶段各自可能的表现机会，再运用相应的金融工具来实现投资收益。个人投资特点：尽量赚大势的钱，即做大周期里大行情的交易，尽量少做短线交易；尽量要让交易模式大道至简，不让操盘占用过多精力，而把时间放在更有意义的研究和生活上。

你涉足交易有多少年了？

如果从大学开始算的话，有20多年了。当然大学做的有一些是仿真的。

大学学的是金融专业吗?

不是,不过是经济类的,我学的是国际贸易,但是更多的金融领域的东西是自己后来看书学习的。

接触期权大概有几年了?

接触期权大概是在2015年之前两年左右,因为当时就已经在传中国要上期权了,所以那时候在上期权之前,我就突击把那些期权方面的知识恶补了一番。我是第一批开户的。

在交易期权之前,你的交易实现稳定盈利了吗?

股票期货都有,那时候盈利基本上比较稳定了。

这次比赛中能取得这样的成绩,你觉得主要做对了哪几点?

我认为最重要的是看对了后面的行情,就是大的趋势，我基本上是按照这个趋势去做。后来也出现了一些稍微超出趋势的情况，比如7月初的时候涨得很快，还是有一些超过自己的原来预期，速度有点超过，但我及时进行了一些策略的调整，就跟上了这波趋势。后面突破了之后，我估计可能会面临一些震荡，所以我后面再围绕震荡，策略也进行了一些改变，后面看来基本还是符合变化的趋势，所以可能净值走得还算比较稳。

在交易中你主要赚的是哪一类钱？

大头应该是方向性的钱，但是也有一些波动率的，也有一些时间价值的，因为这个不是完全去从一个方向去做，我也是根据当时的情况有一些相应的调整，比如在波动率很高的时候，我就想办法去赚一点波动率的钱，当然大的方向还是尽量去赚方向性的钱。但是在有可能兼顾的前提下，我会去考虑一些其他的钱，但是主体应该还是方向性的钱。因为这次行情有足够的大，所以说我的收益还算可以。

主要赚方向性的钱,那在你判断没有方向性的时候,是空仓,还是说会做一些像你刚才说的波动率的钱?

对,会做一些,可能会降低一些仓位,但一般不会空仓。因为我要尽量保持一些跟市场的这种接触和盘感。

现在你交易的主要精力是放在期权这块了吗?

不一定,我是根据情况来,看市场情况,哪一个方面我认为可能机会大,投的精力就多一些。其实我不光是做期权,同时股票期货都多少有做一些,只是说可能在某一个阶段,放在这个方面的精力多一些。

不同阶段选择不同的领域以及不同的策略这种切换,你是根据什么来判断的?

我是根据宏观经济形势的变化。因为我花了很长时间去研究宏观经济,在不同的宏观经济情况下,不同的市场情况下,那么我根据我的一些分析方法,一些框架,我就可能会挑出一些在这一段时间表现比较好的大类资产,然后这类大类资产可能是我更加侧重关注的地方。但这种大类资产也只是一个我认为是大概率的事情，还是要考虑其他一些可能的风险，因为你不可能100%预测准确，那就要考虑一些极端的情况，做一些相应的防范措施，然后去做这种大概率的事情，那么我想长期这样搞下去，离正确的事情应该就会越来越接近。

总体来讲是根据你对宏观经济的判断选择市场，然后再根据以趋势追踪为主的这种方向性交易去选择时机，是这样吗？

也不完全是方向性，比如在某一个时间段，我认为可能震荡的时候，那么可能更多的是考虑波动率或者是时间价值。所以我没有一个定式，不一定是方向性的。

你这些年的交易之路上，有没有过特别难熬的时候？

肯定有。

比如2020年3月份大跌的时候，我那时候的逻辑是对的，因为我做的是50ETF为主的期权，对50ETF标的我自认为还是有一些比较深入的研究，我对它的波动范围大致有一个测算，所以为这个也做了一些相应的资金准备，就是极端情况下资金的控制和压力测试。虽然当时留足了空间，但是真的到行情跌到大概2块5的时候——虽然2块5并没有超过我预计的最恶劣的情况，但是当时的心态还是感觉到有一点失控。可能这次是对我以前认知的一个比较大的挑战，我意识到可能是我的认知有问题，原来我估计跌到2块5的概率很低，但是实际上它很短的时间下去了。而且当时我也担心流动性，外围的流动性，这个问题不能缓解的话，甚至不排除短时间它能够跌到更低，甚至两块钱之下也有可能。这个时候我心里还是有一点紧张，主要是觉得自己的认知还是没有把这种可能出现的黑天鹅事件考虑得更加充分一些。所以我觉得那个时候还是有点难熬的，直到后面发现美联储充分注入流动性的时候，我才感觉到，可能这一关能过去了。

在美联储注入流动性之前，就是你感觉不确定的这段时间内你有做什么吗？

没有做什么，只是等待。因为我知道它救的程度是什么样，因为在之前也已经有一些救的措施，但是效果还没有显现出来。因为通过我对这些国家金融政策的理解，他们肯定不会让市场失控，那么他们肯定会采取，而且会迅速采取一些措施。

当然后面能够这么快弹回来，也是我没有预计到的，但是我估计它的底应该是大致探出来了，再往下的空间不会很大。当你有一个相对比较确定的预期的时候，心里就没有那么慌了，就比较确定了。

在那段时间你的仓位是怎样的？

仓位是比较重的。

然后在这期间也没有做一个减仓的动作？

没有。因为我当时考虑，虽然这个情况比较超乎我的意料，但是我提前做的防范措施还可以让它继续再跌个20%，我还是可以不出什么问题，因为我知道这个价早晚会回来。也就是说用这种方向性的话，只要你扛得住，后面不会有很大的损失，甚至还可以赚到钱，事实证明也是这样。

如果当时，美联储充分注入流动性的消息迟迟没有出现，你会怎么做？

在一定程度上我要止损。

这个一定程度大概是什么程度？

真的到两块钱，就是比如50ETF跌到2块钱这个情况下，那么我会考虑到止损，当然这个会是一个痛苦的选择。

交易这么多年，你觉得交易中最重要的事是什么？

我觉得是兴趣。做这些交易我不是过多地看中能赚多少钱，而是感觉在交易中能够找到一些快乐，找到一些对自己能力的认可。如果能赚到钱当然好，但如果有时赚不到钱，我会看看是什么原因导致赚不到钱。有的时候不见得是你做错了，也可能就是这种时候市场不适合你的风格。

这么多年的交易路上，有没有对你影响比较大的人或者书？

有。我认为从最早影响我建立这种交易体系来说，入门的时候有一本书叫《海龟交易法则》，还有一本叫《通向财富自由之路》。

这两本书看了以后，当时因为是做期货，我这才更深刻地理解了资金管理、风险控制、头寸管理等这些问题，这才慢慢构建了一个完善的交易体系，也正是因为有了这种在期货中形成的交易理念，当我去做期权的时候，这套风险控制的东西也可以平移过来，那么这样我可能就会少走一些弯路。比起从来没有理解过这些东西、没有做过这个东西的人，可能相对来说我入门要交的学费就少一些。

你提到过，从做股票转过来做期权的人，可能容易犯的错误是爱买深度虚值，那你觉得，从期货转过来的人容易犯的错误是什么？

做期货转过来的人，可能不会过多地考虑波动率这个问题，因为在期货里没有涉及到波动率，但会涉及到时间价值，因为期货是有合约的，合约到期，这就涉及到很多问题。所以说我估计更多的是波动率他们没有考虑，特别是在大涨大跌这种波动率极端的情况下，还有在波动率极低的情况下隐藏的风险和机会，从期货转过来的人可能没有更好地去认知这个事。

如果让你给刚刚从事交易的新手几条建议，你会给什么建议？

我觉得最重要的，在进入什么市场之前，先把它的游戏规则搞清楚，不同的市场，游戏规则可能天壤之别。

第二，不要抱一夜暴富的想法，要有一个相对来说切实可行的收益率的预期。

第三，要把最坏的情况提前自己给做一下演练，真的出现极端情况，能受得了吗？无论是你的真实的经济上的受损，还有精神上的压力，是不是都受得了？如果在这些问题你都没有解决之前，最好不要轻易进场。

如果是已经进入市场很多年，但还没有稳定盈利的，你又会给他们什么建议？

先停下来，总结一下自己的问题，看能不能找到不赚钱的原因，到底是自己的方法、交易系统有问题，还是确实是因为时机没到，因为有些交易系统它不是每年都能够盈利，它有些年要亏损，要先把这个问题想明白。如果把这个问题想明白了，不是因为自身的问题，而是市场机会还没有到来，那么就可以再去考虑继续交易。

第二，在你没有能够稳定盈利之前，用小仓位，不要用大仓位。

如果将来你的孩子想从事全职交易，你会支持吗？

我自己不是全职交易，我感觉如果全职做交易，可能有一个问题，这个人比较孤单，可能容易跟社会脱节，不太能融入社会，这个人也许能赚到一些钱，但过得不一定很快乐。

所以说这个事，虽然我不会过多地去要求他做或者是不做，但是从我内心倾向上还是希望他能有一些别的爱好，交易作为一个业余爱好就可以了。真正去做交易员，恐怕不是一个人人都受得了，人人都愿意干的事情。

你不是全职从事交易，同时又有自己的工作。能不能很好地平衡你的工作和生活？

可以。我真正花在具体交易的时间很短，因为我交易的周期相对是比较长的，交易一个相对比较大的周期，并不是天天需要操作的，可能一个月操作一次两次就行。所以在操作上本身并不需要花很长时间，我的工夫更多的是花在研究上，在于研究这种基本面，研究宏观经济的情况，获取一些实时更新的信息，然后我会根据信息去进行一些分析，判断有哪些边际上的变化可能会影响后面的操作。所以我的大部分时间是在这上面，这个时间就很自由。

平时跟别的交易员有交流吗？

没有什么太多交流。这方面的朋友很少，感觉在长沙这个地方，相对来说我朋友圈子里像我这样的人不太多，在这方面有共同语言的人不太多，所以说也就习惯了自己研究自己琢磨，这个纯粹是靠兴趣爱好在支撑。

徐华康点评

付先生是一位非常有经验的交易人，在进入期权市场之前，在股票市场及期货市场已经有多年的经验，并且能稳定地获利。

在期权市场中，他明确地知道自己是一个赚方向性的趋势交易者，由于平常仍有自己的工作，每天真正能花在交易的时间是非常短的，他在交易上尽量把交易周期拉长，并不用每天进场，在每个月仅有一次或两次的交易，所以交易必须非常有耐心。在长期的磨练中，他也可以分辨市场上许多好的机会与更好的机会，而这种等到更好的机会再进场的优良交易品质是交易员身上不可多得的优点。付老师这些"改善自己优势"的做法确实值得人学习。

付老师也是在交易者中，少数在2015年之前因为知道期权要上市而预先去学习了解期权的人。就我所知，有许多人在做期权之前，对期权不是一知半解就是完全不懂，以致于在交易期权的过程中才不断地去摸索了解，而非了解"期权的交易"。所以付老师在了解期权的前提下，可以一下子切入到"运用期权去交易"的领域中，在不同阶段放不同的精力在不同的品种上。

在访谈中最令人印象深刻的是，2020年3月份，虽然不在比赛日期当中，但却是付老师在交易期权中最难熬的日子。由于风险控制得宜，行情虽然下跌但资产并未受到太大的伤害。虽然对极端行情的情况已经做了压力测试并预留了许多空间，但真正身处其中时，对心理的冲击还是挺大的，这时心中虽然有底，他也开始怀疑是否自己的认知有错误，这也是许多交易员在交易过程中会遇的情况，但付老师在那段时间克服了这一点，相信了自己的判断。我们深知，不管是长期或短期，一旦我们被贪婪或恐惧的心理所掌控，就会失去客观的判断能力，就算再轻微的情绪反应都会让你在交易的路上摔一大跤，而付老师在这一次2020年3月份的危机中能完全按照自己的计划完成，这也是我们绝大多数交易员要学习的风险控制与情绪管理。

杨 云

在行情方向和波动率上都要顺势

关键的交易策略，我总结下来就四个字：顺势而为。第一个在行情的方向上要顺势，第二个在波动率上要顺势。顺势的话，每个人都有不同的指标，有的人是看MACD，有的是去看其他的一些技术指标，但是大的方面还是要顺势。

在行情方向和波动率上都要顺势　杨　云

方正证券厦门分公司经纪业务部

紫金资产紫云1号 专业组第九名 综合得分：31.41

基金经理杨云，毕业于武汉大学数理经济试验班，从事期货和证券交易十多年，擅长量化套利交易，交易业绩持续稳健。

你觉得能取得好成绩，在交易中主要做对了哪些事？

交易上面主要还是严格遵守进出场的原则，该进场的时候果断进场，然后环境发生变化，该出场的时候就出场。

进出场有两个维度，第一个是波动率上面的维度。当波动率不太稳定，有一个迅速上升的趋势的时候，像我们以空波动率为方向的就该离场了。另外一个就是方向上的维度，剧烈的市场中成交量急剧放大，多空博弈比较重的时候也是不太适合的，因为你去做一些对冲的话，你的成本会比较大。所以说两个维度都有相应的进出场的时机。波动率这个维度的话，在波动率上升的初期，不要急着去空波动率，要等市场波动率稳定了，而且它的标的走势稳定了，这是波动率维度。标的如果是一个比较强势的，连续放量的，比如说一个多头趋势的话，这个时候在方向上也要有适当的防范，避免在方向上面赔钱。

能否谈谈这次大赛你最满意和最不满意的一次操作？

最满意的是7月初这一波。实际上我在空波动率，经常还是持有一些仓位在场内的。但是7月份明显感觉行情有大的异动的时候，我是第一时间止损出来的，然后第二天又尝试再进去，空了一下波动率。但是发现市场还是不太对劲，我果断把上方的认购止损出来了，顺势留了一些认沽。然后在波动率上升的过程中我没有损失，还有一些盈利。在整个7月中下旬的时候，在波动率下降的过程中，我及时进场获得了一定的收益。

要说觉得有一些可惜的是在跳空上涨的那一段，在虚购波动率冲到80，在那个位置有回落的时候犹豫了一下，因为它就很短，就开盘了几分钟的时间，最虚的3.9的认购迅速从大概八九百跌到了大概300左右。因为在那个时候软件的波动率在Delta的计算上面出现了一些问题，我需

在行情方向和波动率上都要顺势　杨　云

要评估风险，Delta方向敞口的暴露，Vega的暴露。当时不同的软件上显示出了比较大的差异。像万得上面看到的Delta非常小，像咏春的软件的话就很大。但是计算非常消耗时间，等我自己算出来和文华有差异的时候再上来交易就已经跌了比较多了，已经下得比较快了，我迟疑了。

在市场中你想赚的是什么钱？或者说你的交易逻辑是怎么样的呢？

这一块在这一年多来有很大的转变。最开始做的时候更多的是交易虚值期权，然后去卖宽跨，觉得行情应该不会涨到哪里，或者说不会跌到哪里，那是赚时间价值的钱，做的比较虚，收益也不太高。但市场每隔一段时间就会有很大的变动。行情一旦异动的时候你就会有焦虑。你觉得它不会到哪里但它有时候刚好就给你冲到那里，或者造成大的回撤，可能你刚刚止损它又回来了。所以说整个交易起来就是净值上平时涨得比较慢，然后突然有一个大的下滑。

后来就改变了这样一个交易方式，从纯粹地去吃很虚的时间价值转变到做没那么虚的方向的钱，就是Delta。但是你做卖方的话做Delta赚钱不仅没那么多而且如果错了，它是一个负Gamma，你可能会赔得大。那一段时间也会经常造成一个深V。你没那么虚的话你的Vega也会很大，而且效果没那么好。如果是赌方向还不如去做期货。

再进一个层面的话就是放弃掉那些很虚的时间，那些时间价值不太高的有一些鸡肋，挣得少赔得大。放弃了之后去做方向上的，你去赌涨赌跌。但期权其实不是一个很好的做方向的选择。再之后回归到主动做收益率的钱。

在交易中有爆仓的经历吗？

爆仓应该算是没有，但有回撤。主要发生在2020年3月。

其实在2020年2月3日，外面A50跌比较多，但回撤比较小，大概4个多点，第二天就6个点的盈利。主要盈利比较大还是在3月份吧，三连跌再加美股的熔断，那几天的行情不是大涨就是大跌。我在Delta的调整上面比较困难，后面也抱有一些侥幸心理，觉得大盘到2700点应该比较便宜，不会跌太多，稍微抱有了这样一个侥幸心理。就是说

在行情方向和波动率上都要顺势　杨　云

急速跳空杀跌的话你波动率是在涨的,你同时赔了波动率的钱、Gamma位移的钱还包括Delta的钱。那几方面一叠加的话就出现了一个比较大的回撤,差不多将近10个点的一个回撤。

所以我在3月份之后就彻底转变了交易方式,彻底放弃去赚方向上的钱,就是方向上可以赔钱,因为它可能回不来,但波动率的钱是一定能回来的。所以更多的,我的Delta方向是跟住整个市场行情,那波动率一旦回落的话,我的浮亏就能迅速回来。在波动率很高的时候,我会根据行情和我的趋势系统给的指引,顺势留一个敞口,避免方向上过大的波动。当然盘中调整可能比较多。当你留有偏多一些的时候,你预计会跌,方向偏空一些,它可能第二天就反弹,你一定要跟随,及时调整,不要去预测,赌方向。总之一句话就是敬畏市场,不要过多地去预测市场,跟随就好了。

你是怎么看待市场情绪的?

情绪的话,你看2020年7月份的情绪就比较淋漓尽致。影响就是朋友圈都在说大牛市来了，这一轮5000点、10000点，还有健康牛等很多说法。其实我觉得还是不要过多受情绪的干扰，还是要把握相对统一的进出场的原则。我们的原则经过数据的一轮回测，它被证明是有效的，正确率能够在百分之五十或者六十以上。其实情绪来了你就跟随它。

在不透露任何个人交易秘密的情况下，能跟我们说一些关键的交易策略吗？

其实我总结下来就四个字，顺势而为。

第一个在行情的方向上要顺势，第二个在波动率上要顺势，不要老想着空波动率，这个其实很难得。刚才我跟你说想空80的波动率，有可能会穿仓。包括其他的你想去空，那如果这一轮行情往上的话其实损失也挺大的。所以在波动率和趋势上都是顺势而为。这个顺势的话，每个人都有不同的指标，有的人是看MACD，有的是去看其他的一些技术指标，在阶段性技术层面的话，看趋势指标，日后给一些辅助的话看反转指标。就是说能够优化这样的一

在行情方向和波动率上都要顺势 杨 云

个对冲，但是大的方面还是要顺势。

徐华康点评

认识杨云杨总也有两年的时间，温文儒雅一直是他给我的感觉。他总是戴着一副很有气质的金边眼镜，常常面露着和气灿烂的笑容和你亲热地打招呼，完全没有任何骄傲的架子，在其他场合遇到，一定感觉不到他是一位经验丰富的大机构操盘手，每天经手那么多的大单子。

杨总以前是做期货交易为主，方向性的判断是过去较为熟知的交易。由于本身有很好的交易经验，所以在开始交易期权后上手非常的快，过去的经验也帮他在这个完全不一样的品种上有很好的风险控制。由于期权交易及判断的维度比较多，在经历了2019年一年多来的期权交易，杨总也从方向性的交易慢慢地逐渐变化到波动率交易，在其中经历了2020年初波动率极端走势，也对波动率交易有了更深的体验，虽然在其间的净值回撤较大，但也是获利较大的时间区段，这也多亏了其风险控制及资金管理得当，使得可能发生的风险事件的时机反而成了更好的卖方机会。

从期货交易转变为期权交易，杨总也提供了他的三阶段，而这个过程很值得许多投资人参考，这三个阶段分别是：①如何判断行情不会涨跌到那个价位的"预判"过程；②使用期权卖方做方向；③交易波动率的回归。

在最后，杨总认为行情方向的顺势及波动率的顺势是非常重要的，也劝告投资朋友千万别一直想着卖出波动率，因为你永远不知道上面还有多少空间。我相信这句话对许多刚踏入期权卖方的投资人应该有相当的提醒作用：按照自己的指标去做才是，不要一头热就进场去卖，要永远顺势而为。

胡说股指

投资就是一场马拉松

一定要控制好自己,风控一定要做足做好。以后你在交易的时候,最好是有不相关的独立的风控,再有那么一个人或者一道卡卡住,这样会比较好一点。因为交易者没法获利的时候,倒在一瞬间,往往就是因为那道风控上没有收住。

方正证券宁波潘火路营业部

胡说股指，专业组第八名　综合得分：31.75分

2013年部队转业，随后完成金融学研究生进修，于2015年牛市期间辞职创业，成立投资公司开始专职交易，17年后由主观交易转入量化交易研究，目前专职股指期货、期权量化策略交易和CTA策略研究。

这次比赛中能取得这样的成绩，你觉得哪些方面做得比较好？

应该是严格执行了既定的交易策略，然后在这一波行情当中，刚好行情也比较匹配、符合我的交易思路，才能获得这样一个还不错的账户收益曲线。这一波行情之前，在比赛大概刚刚开始的时候，我跟徐老师也商量过。对我来讲，期权这个东西本身就是以拿时间价值为主的，所以刚刚好在这波行情当中，波动也不是那么剧烈，然后我就能很平稳地获得这样一个收益。我还是以做卖方为主，因为比较看好中国股市未来一段时间内的行情，所以策略上还是偏多为主，然后去获得时间价值这一块的收益。这个

过程中，我也会采用多种策略的组合。比如说在2020年7月份这种行情向下波动比较大的情况下，我会有一定的对冲方式，那么这一块需要判断去择时地进行对冲。但总体我还是以拿时间价值为主。

这次比赛其他选手有没有你比较欣赏的？

有。其实都不错，但是我个人偏好的是大赛第二、三名这两只产品的交易员，他们的风格是我比较喜欢的，他们具体的交易模式我不太了解，但是从长期排行数据上展现出来的就是小回撤的这种账户，那就比较符合我的风险偏好，我就比较喜欢这一类的。

这一次参赛账户的官方统计上面我的回撤是5.2，对我来讲其实已经算很大。在我的交易模式当中，我的回撤一直都是要控制在3以内，这是我的偏好。

你觉得这次比赛中是因为什么原因没有达到你理想中的一个状况？

2020年7月初那一波回调，下杀是比较厉害的，我在当时没有预估到或者说是我的反应慢了一点。

能不能跟我们谈谈你的交易之路?

我近两年才开始做期权，之前我的交易一直是以做股指期货为主，它们其实是属于同等标的物的品种，只是工具不一样。

我原先是部队的，然后要转业出来，本来就是想要找一个创业点，但是一直没找到。转业以后，我先在体制内工作了一段时间，2015年赶上一波牛市，然后同时也学了金融方面的知识，发现交易这一块事情是比较适合我的，所以后来就开始专职做交易。我辞职创业的时候，那会儿刚好赶上2015年股灾了，然后股票上面就很难赚到钱了。那么我就想着做空市场，股指期货在当时是比较合适的。

在股指期货和期权这两块，你主要采取什么策略?

在我的交易策略当中，它们两个是互补的。

股指期货实际上我是以做多波动率为主，要获取它波动的收益，那么期权这一块实际上更希望它是做时间价值，基本上就是以做空波动率为主，这样这两种工具在同一个标的物上，实际上是一种形成了一种天然的对冲，那么它们之间的匹配会显得很协调很好，互相之间就都可以去平滑曲线。

当股指不好做的时候，比方日内波动很小的时候，那么期权端会获得这种波动下降的收益，去回补股指期货端这种可能小波动下的来回止损；那么在波动大的时候，在股指期货上面就可以赚到一定的利润，而波动大可能不利于期权这一端，期权这边可能会有点回撤，那么它们两个在同一个时间段可能会形成一个很好的互补作用，这样互补起来以后，它的收益曲线会很平滑。

2015年开始全职交易，大概多久开始能稳定盈利了？

我可能比较幸运，2015年进入市场以后，沉淀了大概整整一年的时间，就是在完善我的交易体系、交易系统，后面开始做股指基本上就是属于稳定盈利的状态。应该说在做交易之前，我就具备了在市场上生存的某些条件，比如说纪律性，这一块我觉得特别重要。心态、自律能力、自控能力，这些决定你在市场上能否长期生存下去，我认为最重要的一点反而不是交易模型或者交易方式方法，因为这些东西都是外在可以通过学习获得的，但是自律性、自控性这个东西是要经过一定的长期训练。

跟我们谈谈你的交易路上比较难熬的日子？

其实这样的日子对于每一个交易员来讲，我相信都会有一段时间，而且都会很痛苦。对我来说，这段时间是股指限仓，做股指受限很严重的时候，具体的时间段是2016年的3月到2017年的11月，那段时间实际上股指的短期交易、日内交易什么的，是非常难做的，那段时间又刚好赶上一波商品的大牛市。在这段时间里面，你会想着去琢磨可能要做商品或者其他品种，也获得了一些收益。但是，终究有些钱是怎么来的，会怎么去，这些就是在你没能充分把控的条件下会发生的事情。所以这种情况出现的时候，往往对交易员的心态是一个很大的挑战。那么对我来讲，我也发生了这样的情况，所以那段时间是特别特别痛苦。

你当时是怎么走出这种状况的呢？

我认为我的自控能力还行。当时其实同时在做的股指还是赚钱的，还是在维持我的一个总体的收益，但是商品上在2019年初那段时间亏了不少钱，这笔钱其实就是在2016、2017年转战商品时赚回来的钱，但是怎么赚来的就怎么吐回去了。那么就这种情况下，你的心态会很崩溃。我因为当时做了一个充分的准备，在那段时间打磨了我自己的程序化交易系统，那么在我心态不能够完整支撑我自己手动进行交易的时候，就使用了那套系统，就这样熬过了那段时间。

现在不会再轻易涉足自己不熟悉的领域了吧？

不会了，我现在很简单，把股指这一块做好做强，我说的股指是包含期货和期权，只要做进来就够了。然后在自己能掌控的范围内，去赚取自己应该获得的那部分收益就可以了。

你这些年的交易路上，有没有对你影响特别大的人，或者是书？

有。人的话，就有一个反面的例子和一个正面的。反面的就是，2016年双十一晚上刚好在一波商品牛市，知道这个行情的人应该都了解，那天晚上突然出现了极端回撤。我当时有个做交易的同学，那天晚上爆了仓，然后就心态扛不住，这件事情因为发生在身边，对我影响特别大。所以我的交易系统也好，或者自己做交易的要求也好，对风控这一块，把得特别紧。那么我也很感激有这样的案例能触动到我，让我在后面的交易当中可以有一定的把控。

正面的例子，期权这一块，实际上像徐华康老师他就是我的引路人了。他的书也好，或者我跟他交流过程当中，他把期权的很多内含的一些知识教给我，让我能够脱离原先对期权的传统的那种课程方面的认知。他对我影响也很大。

交易类的书在系统完成打磨以后我就不太看了，因为怕受到干扰。后面主要就是看一些历史类的或者是有时候看看这个推理类的、侦探类的书。

对交易这件事，你最大的感受是什么？

最大的感受，一定要控制好自己，风控一定要做足做好。以后你在交易的时候，最好是有不相关的独立的风控，再有那么一个人或者一道卡卡住，这样会比较好一点。因为交易者没法获利的时候，倒在一瞬间，往往就是因为那道风控上没有收住。

如果让你给刚刚涉足交易的新手几条建议，你会给什么建议？

我建议是多运动，跑跑马拉松，这种有氧的、长期的运动，这个有利于培养你的自律能力，也能让你悟到交易的真谛，就像有一句话叫"投资就是一场马拉松"。所以我建议是从运动中去提高自律自控的能力，这样会比较好。

如果说有人在交易中很多年了，但是依然是亏损，或者没有稳定盈利，这样的人你会给他们什么建议？

我觉得这一类的交易者，可以好好反思一下自己的交易系统。像这样的交易者，既然已经交易了一阵子了，他一定有过失败的痛苦经历，那么怎么去从这里面走出来，然后怎么去形成稳定盈利的这个状态，就是要通过一套完整的交易体系。如果说这方面他做不到，或者说没办法根据自己的特性建立起交易体系，要么就求助，求助于好的老师、高手，或者是干脆就把资金交给专业的人去打理，这样是比较好的方式。

徐华康点评

第一次见到胡老师是在2020年的6月初。当时去他的私募公司拜访，交换一下期权交易的心得。年轻有为，风度翩翩，乌黑油亮的短发根根笔挺，面容硬朗，身姿健硕，这也是我对他的第一印象。他的交易风格也与其他参赛者不同，程序化短线日内交易是胡老师一直以来的交易模式，而这次的期权大赛他也是以同样的风格参赛，并没有为了取得好成绩而放大杠杆，其交易上的一以贯之也符合他常说的"自律"及"自我控制"。

或许是过去军队规律生活的原因，胡老师对于规律、风险控制及稳定性的要求是比较严格的。虽然他自谦地说"只是严格执行了交易策略""刚好行情比较配合"，所以才有了比较好的报酬率，严格地将自身在交易上应该做到的动作做到最好，长期下来，市场绝对会还你一个公道，这也与市场上多数的赢家类似，只是胡老师对许多交易细节要求更高。就好像我在2020年12月19日期权大赛颁奖典礼那天遇到他一样，当时在湖南常德虽然已是严寒微雨的冬天，但他仍然与往常一样每天清晨起来晨跑10公里，对自己订下的规则严格遵守，自律的要求也表现在日常生活中。

程序化交易与期权卖方的搭配是胡老师交易的方式，再加上严格的风险管控，这三者的完美结合在2020年的大波动中实现了一个完美的绩效。"长期绩效稳定成长是一直不断努力要达到的"，胡老师在多次的聊天中曾经不止一次地说这个理念。就算交易的核心不是以希腊字母的对冲而是以较为专长的短线程序化的方向性为主，在随机的波动的市场中仍能达到完美的绩效，在卖方的交易中严格地执行止损能在隐含波动向上时实时出场，短线的仓位也避开了开盘即跳空的极端风险。以2020年比赛的绩效来看，胡老师的长期绩效正如他所说的在稳定成长中。

Ring

在市场中保持弱者心态

很多人也赚过大钱，但是他们有的时候失败在于过于强调自己的能力，过于强调自己一定能够战胜市场，最后当市场发生一个根本性变化的时候，他没有去调整自己的一些做法、思路或者策略，然后死扛。

方正中期期货营业部

股指期权组三等奖 综合得分：54.39分

小马白话期权作者，对金融有着浓厚的兴趣，是一个快速进化的期权散户：在2017年利用期权从5万元赚到500多万元。懂趋势和风控、擅长研究标的、抓大势，在期权交易中练就了非凡的耐心，总结了一套科学的期权交易资金管理与合约管理方法。

你觉得能取得这样的成绩，在交易中主要做对了什么事情呢？

其实我真正能够做好能够做对的就是有一个弱者的心态，然后做了一个趋势的跟踪。因为期权有好几种做法，其中能够取得比较好的成绩，并且对中小散户比较实用的就是做一个趋势跟踪，以标的为根本，然后再使用期权的一些合适的操作策略，可能就能取得一个比较好的成绩，就像我今天刚好穿的这件T恤上面显示的，它的意思就是趋势的跟踪。

你之前写过一本书，2017年从期权上赚到了500万，到后面的话，有些粉丝说您的交易风格就逐渐偏保守了，对这种说法你怎么看？

他们说的在一定程度上存在。首先不否认的是2017年确实在一个比较合适的行情里面，我用比较小的资金实现了比较高的收益。但是后面随着市场行情的变化，或者说被市场教训的次数已经足够了，到后面再随着资金的一个增大，实际上这个人的思维就会有变化。当然最根本的还是市场的变化，比如说2017年能够实现比较高的收益率，那是当时确实也比较符合这个条件，比如说期权的价格非常便宜，出现了连续好几个月的上涨，但是现在这种情况好像出现得很少，除了2020年7月份的这一波。其实你说期权便宜嘛好像也不对，说延续的趋势好像也不太符合，当年它们是连续涨三个月，然后横盘一个月再涨两个月，现在是能够涨个半个月就已经不错了。所以市场在变化，我们的思路也要变化，但有些人会说那么你等机会就行了，但是你不在这个市场里面了，你怎么知道市场现在适用一个什么样的情况？

所以说变保守了，这个也可以，2017年、2018年单纯做期权的买方也确实有过不赢的情况，后面你要偏保守一点，偏稳健一点的，这种情况是不会出现的，而且收益也比较能保证，比如说你要是一个月放100万，第二个月亏20万，第三个月赚30万，然后再到50万，这样亏亏赚赚，还不如在没有行情的时候也能够连续获得小的收益，其实效果后面是差不多的，并且这种方式更加稳健。

在趋势追踪这一方面有什么特别心得吗？

其实这个可能大家理解的都一样，但其中也有两点是非常重要的。

一个是你的弱者心态，以市场为根本，不以个人的意志为转移，因为你的看法有可能会错，你要跟随市场。很多人也赚过大钱，但是他们有的时候失败在于过于强调自己的能力，过于强调自己一定能够战胜市场，最后当市场发生一个根本性变化的时候，他没有去调整自己的一些做法、思路，或者说策略，然后死扛，死扛到后面就真的就亏了。

第二点是，你要能够灵活地去做，并且采取一些适当的措施，一般来说也就像有些人说的，赚的时候尽量多赚一点，亏的时候尽量少亏一点就行了，没有人能保证不会亏。一般来说作为一个个人投资者，亏肯定是会有的，只不过尽量亏的时候少亏一些，赚的时候稍微多赚一点就已经很不错了。

在遇到自己的机会的时候要主动进攻，但是同时也要做好防守。你觉得你这种成功模式是可复制的吗？

我觉得是可以的。我们可以打开最近这三四年的K线，你会发现很多行情它总是相同或类似的。比如说6月份、7月份的上涨，等于2019年的1月份、2月份的上涨，基本上是重复了一个模子，先是一个缓慢上涨的过程中有一个调整，然后再加速上涨，加速上涨到了后期，在一个高位震荡。

投资者如果去看的话，可以比较一下这两段的K线，就是2019年的1月到4月，等于2020年的6月到8月，它们的走势基本上是一致的，而且人性总是会重复的。在不同的

在市场中保持弱者心态　Ring

行情里面,不管是相同的投资者,还是不同的投资者,他在这一段里面人性是相同的,并且波动率的走势也是非常类似的。所以我以前写过一篇文章,也出了一集视频,里面就包括了一波反弹精细化操作。像前面这样讲过,然后你再回过头来,现在在这里也一样用得上,它是一个自相似行情。这个内容它是可以学习的。不管是这种策略,这种心态,还是这种资金管理,就是你不同的人做,只要稍微能够看得进去,还是能够学进去的。像今年确实有很多人采用了一些类似的策略,也获得了一个比较高的收益,像这种收益很高的人确实有不少,只不过在后面对于回撤的控制,大家就各不相同,你可以认为后期的贪婪程度是不相同的,所以有些人回撤多,有些人回撤少,有些人到一个高点跑了就再也不来了,这个是比较能管住手的。而一直坚持在这里再次重仓,用买方去做这个方向,他就会退回得比较多。但是总体来说,从行情、策略、心态、资金管理等等角度来看,都是有一定的复制性,以后再有这样的行情一样可以复制,只不过是赚多赚少,往回吐得多吐得少的一个问题,所以风险控制要做好。

徐老师经常有一句话说"你想赚什么钱",在市场当中你想赚的是哪一部分钱?

小孩子才做选择,成年人都要。

在一个稍微成熟一点的交易者心里面,其实方向、时间、波动率还有区间,甚至包括股指升贴水的钱,我们至少首先明确你是在一定的阶段,你知道可能这一段时间赚这个钱比较容易,或者说赚这个钱比较合适,那么你就在这一方面配置的权重稍微多一些。

比如说有一个单边的方向的时候,你肯定赚方向的钱。如果在方向不太明白,但是波动率在明显下降的时候,那么去做空波动率也是一个比较好的选择。当前面两个都不是特别明显的时候,我们可以用一定的策略做好对冲之后,赚取时间维度这一部分的利润。

所以这三四个方向的钱,我们都有一定的办法去做,当然在不同的阶段会有一个权重的先后。有这样一个先后,并且如果说要赚取一个超额的利润,我们肯定是选方向;然后相对确定的肯定是波动率;能比较容易地获得肉眼可见的利润,那么这个是时间。

当然赚时间的钱现在也不是一个特别容易的事情，尤其是这两个月以来，标的的方向不是特别明确，波动率就在一个高位，它又下不去。时间价值有的时候你看到，像距离一个月的时候，8月份的合约平值是1000，但是过了两个星期以后，它的期权合约平值的价格又到了1200，所以这个你就觉得很纳闷，时间价值怎么没减少，但是我们知道这个是因为波动率的上升所导致的。

所以在这几个维度上，总的来说你还是能分得清，什么时候该赚什么钱，然后你再用自己的一些方法特别去赚到这个钱就好了。在不适合的时候就不要强求，没有方向你还拼命去做方向，那是不合适的，像多的时候你拼命去做空波动率就不合适。

从涉足交易到稳定盈利的过程，您大概用了多久时间？

要单纯地说期权交易，其实我从2016年的8月份开始做，当月是有些盈利，但是在9月份又亏回去，后面连续几个月亏亏赚赚。要说做到稳定的盈利，其实可以分为两个方面来说，比如期权的盈利是按月计算，如果稳定盈利就是赚大钱亏小钱，其实我在2016年到2017年基本上已经实现了。然后还有一种说法，稳定盈利是说基本上每个月都要赚钱，那么这个对于个人投资者来说，还是比较难以实现的。

对你来说稳定盈利应该挺容易的，因为刚刚说可以赚波动率的钱、赚时间价值的钱、赚方向的钱……

你得分清什么时候该赚什么钱，哪个钱比较好赚，那才可以。要说到稳定盈利的话，你说一年也行，说两年也可以，其实每个投资者他的进化是不相同的，比如说今天碰到一个朋友，他在2015年就开了户，到现在还是一个赌的状态，就是看心情来投。那么有些人进化得快，入门得快，可能半年一年也有这样的进步了，并且能够出来做一些分享，也有些人他没有一个成套的系统，就很难实现这样一个稳定的盈利状态。

我的话应该还好，从亏损到稳定盈利的阶段，主要是总结之前亏损的这一部分内容，亏损的一些经验教训，这些错误我可以犯第一次，可以犯第二次，但是不要犯第三次。

要及时地进行复盘和总结。

对，要避免出现相同的错误，这样久而久之的话，肯定会找到属于自己的一种盈利办法。

如果给持续亏损或者还没稳定盈利的投资者三条建议，你会给什么建议？

这种人其实也碰到不少，像公众号的留言里面确实也有这样的人，连续亏损都已经丧失信心了，几十万可能亏到了几万块钱或者亏到几千块钱，其实我觉得对他们的第一点建议就是停手，或者说降低你的仓位先不要做，等到能做的时候过去然后再做。有的时候期权不像其他行业一样，其他行业比如说你从事销售，你多跑个腿，多去打几个电话，可能就会有转机；农民伯伯种地勤快一点，应该也可能会有更多收获。但是交易这个东西它不是一个天道酬勤的，不一定是多劳多得。你花很多时间勤奋地去做，勤奋地去思考去操作，最后不一定有结果。但并不是说你操作越多，你越不赚钱，就比如说今天除了上午10:00之前，后面那一段都没什么机会，如果你在一个很小的范围内频繁地去操作，赚钱的可能性很小，而且你来回止损，这个钱算起来也是不小的。所以这个是第一点，先停手。

第二个还是要反思一下自己的交易系统，看看这个交易系统到底错在哪里。其实对于这些新手常见的错误，我在我的书里面也写了，很多人一看你这个怎么说的跟我一样，每一条都没落下，每一条的缺点错误都在犯，实际上你就需要进行认真的反思，然后再看自己的交易系统有没有什么变化，当然在反思的时候，你也可以找外面的人去沟通，或者说再进行深一步的学习，这些都是可以的。

第三个当你已经恢复理智的时候，市场也重新恢复理智的时候，你可能才能够重新寻找机会再去入场，因为你前面越做越乱，越做越大之后不断亏钱，本金越来越少。

徐华康点评

认识Ring老师已经好几个年头。因为这个原因，所以常常有人问我："Ring是吹牛的还是真的用期权赚到那么多钱？"很多事怎么说都没有用，但是透过这次的比赛，Ring老师的获利是扎扎实实的名列前茅，这应该可以给这

在市场中保持弱者心态　Ring

个问题一个完美的解答了。

我认识很多期权交易员，但大多数都无法像Ring有那么高的报酬率，或许他采用的方法是使用趋势追踪，本来就可以获得比较高的报酬率，而这种方法也比较适合一些个人投资者使用，所以有些机构的朋友看不上他的交易风格，认为凭运气的可能性很大，毕竟很少人能用期权长期赚那么高的报酬。因为期权这个品种含了极大的杠杆，若趋势型的交易风险控制的不好，净值波动会非常大，若考虑波动大而使用较小的杠杆，太保守也赚不到什么钱，这看似简单的方法在施行上却没有看起来那么简单。因为你不仅仅在仓位的控制上要有独到之处，在面对一次一次错误仓位止损（或对冲）时，也需要有极佳的心理素质才行。成功的交易从来就没有容易两个字。

"如果你能分得清楚该赚什么钱，那个钱就比较好赚。"Ring老师肯定是那个可以分得清楚的人。我在数次与他交谈的过程中，发现他对行情的判断有自己的独特看法，并且也是信心十足的，他永远知道自己知道什么，自己在做什么事，在盘中头脑是清楚的，所以在面对单边走势的大行情上，绝大多数都抱得住仓位，不会陷入被行情影响的情绪中,所以绩效能那么让人惊艳。

"避免犯相同的错误,久而久之肯定能找到一个稳定盈利的方法。""知道自己亏了什么钱,才能构建自己的交易系统。"这些都是Ring老师不止一次提出的忠告,非常值得深思。在每次复盘时,一定要问自己,在过去的交易中,你真的知道自己盘中在做什么事吗?若不知道你就不是在理智之中交易,一定要小心了。

附录

在美国过去200年，如果我们投资股票，报酬率是75万倍，相当惊人的数字。但是如果投资债券，1085倍；投资黄金，1.95倍；持有美元200年，你的钱最后只剩6%，你会跌价94%。所以我觉得投资股票是一个非常好的选择。

附 录

说明：附录中的两篇文章，分别为侯振海先生和徐华康先生在"2020年衍生品年度盛典暨期权期货实盘大赛颁奖典礼"上的演讲。

2021年全球宏观经济与投资展望

时瑞金融（中国）首席策略师　侯振海

2020年是一个非常不寻常的年份，一方面我们都知道今年爆发了新冠疫情，截止目前我们看到对全球的经济造成了很大的影响，总的感染人数已经是7500多万，截止到今天死亡人数超过160万，这可能是过去一个世纪以来最大的公共卫生事件。

另外一个层面我们也看到，2020年整个金融市场也是特别的不寻常。

虽然受到了疫情的冲击，但到现在有很多大类资产创出了历史新高，并没有受到像大家想象的巨大打击，比如说美股，包括我们周边像韩国的股市都创出了历史新高，然后黄金、铁矿以及比特币也创出了历史新高。所以金融市场和实体其实不完全一样，那么这里究竟发生了什么情况呢？

我今天就借这个机会给大家介绍一下我们的一些宏观的研究，包括对2021年的一个判断。

海外宏观

首先我们还是要讲一下疫情，现在正好是我们北半球的冬季，疫情可能会迎来最严重的一波。我们看到美国的数据，每天的新增死亡和新增感染人数都在不断地创新高。

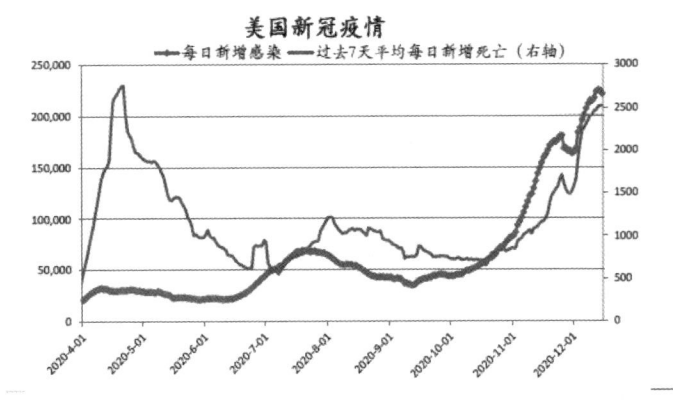

图1.1 美国新冠疫情情况

资料来源：Wind，Bloomberg

欧洲疫情最高峰实际上是2020年11月，因为之后像英国、法国，包括德国都已经采取了比较严格的隔离措施，当然他们所谓的严格是要打引号的，跟我们中国的相比差得很远，因为他们不可能像中国那样限制每个家庭、每个单位甚至每个学校，让大家都做到严格的隔离，他们很大程度上是做不到的。

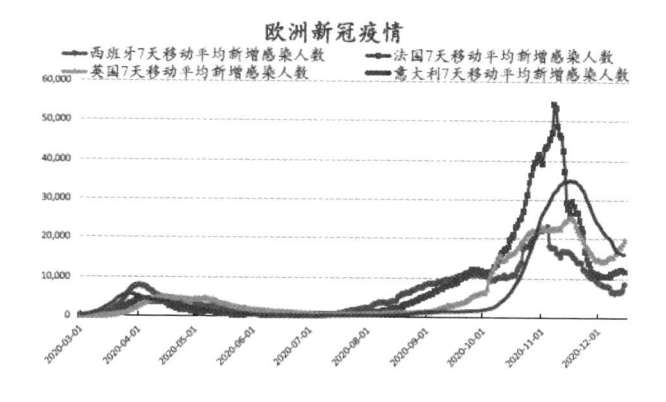

图1.2 欧洲新冠疫情

资料来源：Wind，Bloomberg

所以说我们认为从欧洲的情况来看，虽然说比上个月有所改善，但是想要做到像中国这样非常好的全面的控制，我认为是不太可能。

所以对他们来讲很大一个层面，他们可能会依赖于明年疫苗出现以后，疫苗的接种可能会有一定的效果。当然这是一个不确定因素，我们不能说有了疫苗这个情况就一定能够解决。事实上我们认为疫苗的不确定性还是非常大的，就是它广泛接种到底有效率有多少，有没有其他的副作用，现在并不是很清楚。所以我们说欧美的疫情还是很严重的。

但是有一点，为什么大家认为欧美不会采取像中国这样这么严格的一个控制措施？他们的理论依据其实是图1.3，我们看到左边就是美国感染的人按照年龄的分布，美国大概有超过70%的感染的人是在65岁以下的。

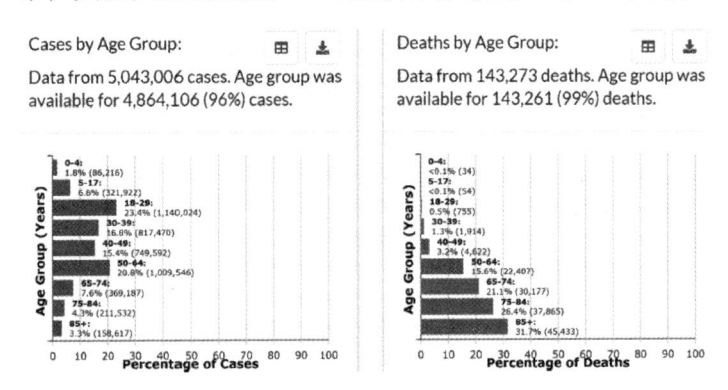

图1.3 美国确诊和死亡病例的年龄分布

资料来源：Wind，Bloomberg

附 录

  但是要去看右边死亡人数占比，应该说绝大部分是65岁以上，65岁以上的死亡人数占到整个疫情死亡人数的80%，但是他们只占到整个感染人数的不到20%。

  那么这意味着什么呢？得出的结论就是说这个病年轻人得了，风险不大，你到医院里躺两个礼拜出来，没有重症就没事了。最大的风险是年长的人，65岁以上的人，而且要有一定的基础疾病，比如说有糖尿病、心脏病，可能会有一定的风险。所以欧美现在从全面的控制转向重点控制，也就是从这些老年人、易重症的这些人群控制，那么这就有可能把这个病的病程拉长，不会像我们这样，比如说两个月把疫情全部控制住，他们的策略已经不是这样，而是通过这个过程，让死的人尽量减少，而感染不能完全控制住，所以我们认为这就是欧美的一个现状。

  当然我们今天主要要讲的还不是这个。我们要讲的是，2019年到2020年，疫情来了，对我们这么大的影响，为什么这么多的资产价格反而创出了新高？

图1.4 主要国家货币当局的资产规模

资料来源：Wind，Bloomberg

图1.4是全球四大央行，美国、欧洲、日本和中国的资产负债表的规模。

2020年以来，仅仅美国、欧洲和日本，这三家加起来整个央行扩表超过8万亿美元。也就是说在2020年疫情爆发之前，他们的资产负债表加在一起只有15万亿美元，而现在已经有23万亿美金之多。这是什么概念？做交易的人肯定对数字很敏感，同比增长50%。所以我们千万不要认为说印钱这件事情只有美国人干了，欧洲日本一点没有比美国少印，所以我们看全球的资产负债表都是在大幅扩张。

更广泛的一个概念是广义货币M2，我们看到美国的M2现在同比增速是25%，这个数字是"二战"1945年结束以来最高的一个数，之前从来没有到过20%以上，但2020年美国的货币增速已经到了25%，而欧洲、日本的增速也在一个历史的高位，差不多在10%左右，没有美国高，但也是一个高位。

图1.5　广义货币同比增速

资料来源：Wind，Bloomberg

美国主要还是通过美联储在向市场投放流动性，它的商业银行是不工作的。也就是说虽然我有很多钱，但是我不会向市场发放贷款，我也不向市场投放流动性，那么更多的钱它们用来干嘛？

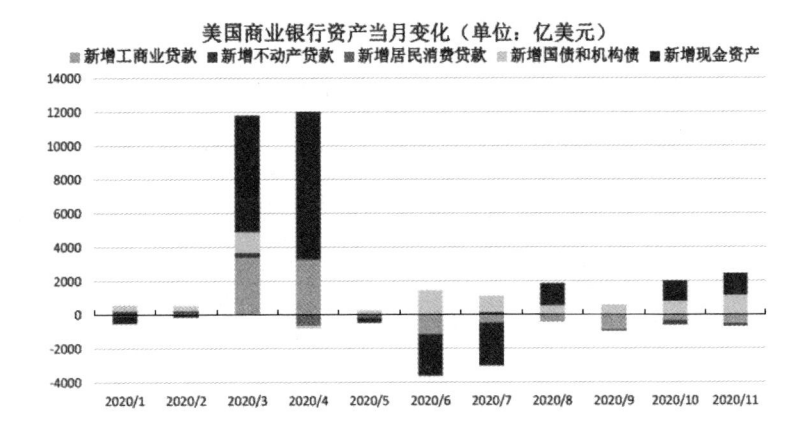

图1.6　美国商业银行资产当月变化

资料来源：Wind，Bloomberg

图1.6中可以看到2020年这11个月，它们主要增长的这几块一个是现金，它拿了大量的现金不拿出去，也不出去放贷。第二就是买国债，买了一大堆的国债，那么就反映了个什么问题？美国、欧洲这些量化宽松给钱的政策，这些钱已经到不了实体经济了，因为央行只能把钱给到金融机构，而金融机构不会把这个钱拿出去给到市场，它不像中国。我们知道中国只要放松，我们的银行就会放款，

附 录

然后给到我们的政府，给到我们的个人，给到我们的房地产，然后中国所有的经济就会起来，我们这套体系它是很顺畅的。但是美国欧洲不一样，因为它是私人银行，因为私人银行向外贷款是要冒风险的，所以你有再多的钱给我，我觉得市场有风险，我不会往外给。所以我们看到大量的钱囤积在了美国的商业银行部门。

所以我们看到今年除了货币政策以外，还有一个非常重要的特点，美国政府主动出来给钱。也就是说我现在给银行钱，银行不会把这个钱贷出去，怎么办？很简单，我让我的财政部门直接出来给老百姓发钱。所以我们看到今年不只是美国，欧洲也是这个情况，因为疫情很多人失业，美国有2000万人失业，欧洲也有很多人失业，欧洲很多国家失业率都在20%左右了，但是我们看到这么多人失业，为什么他们消费没有下滑？很简单一个道理，欧美今年采取了一个政策，就是说你不工作也行，待在家每个月的工资我照发。怎么发？政府直接发。

我问我一些伦敦的朋友，他们发80%的钱，你现在在家不工作，原来的工作比如说一个月1万块钱，现在政府给你8000，这个钱怎么出？政府财政掏。政府财政的钱哪里来？发国债。国债谁来买？他们国家的央行来了。简单的话说就是一个财政赤字的货币化，这是2020年和过去包括2008年都非常不一样的特点，我们看到整个全球政府像欧美政府，向居民部门直接发钱。

图1.7　美国财政赤字占GDP比重及GDP同比增速

资料来源：Wind，Bloomberg

那么这里导致的一个结果是什么？欧洲现在政府债务的增加。即便像德国这样，过去一直是以保守著称的国家，2020年前10个月的财政赤字已经占到它GDP的7.3%，像法国已经到10%以上，美国更高，2020年美国政府的财政赤字到目前为止已经是GDP的16%。

附 录

欧元区19国今年以来政府债务增加额（亿欧元）

国家	今年以来增加的政府债务占GDP比重（单位：百分点）
法国	11.7
德国	7.3
意大利	9.5
西班牙	9.6
比利时	8.1
荷兰	6.4
爱尔兰	5.9
奥地利	4.4
芬兰	6.1
葡萄牙	7.0
希腊	4.8
斯洛伐克	9.3
立陶宛	7.1

图1.8 欧元区19国今年以来政府债务增加额

资料来源：Wind，Bloomberg

所以我们说出现了一个很有意思的情况，图1.7是因，图1.9是果，什么果？

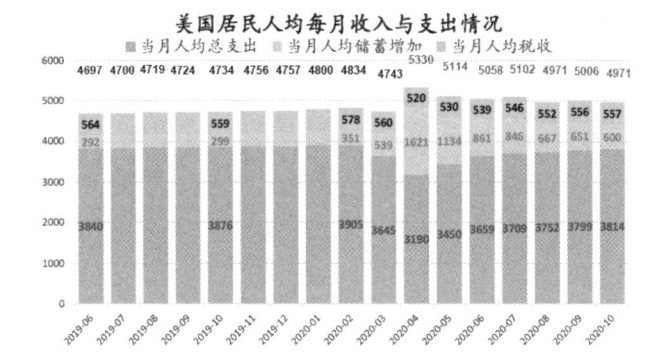

图1.9 美国居民人均月收入与支出情况

资料来源：Wind，Bloomberg

167

图1.9显示了美国居民家庭的收入总数，我们知道疫情之前，美国有3亿3000万人，每个美国人的月收入在疫情之前是4800美元，疫情之后这个数字反而上升了，上升到了5000~5300美元。大家可能不理解后面的一些现象，但如果看图1.9你就能理解了，为什么现在我们的出口这么好？因为虽然美国疫情没结束，虽然美国人没工作，但是他们拿到的钱没有减少反而增加了。

但是在疫情期间，比如说2020年的四五六这几个月，因为不能出门，大家减少了很多外出活动，因为疫情，拿到了很多钱，但是又不能全部花掉。所以2020年可以看到一个很有意思的现象，就是美国人的储蓄率大幅上升，我们看到那几个月平均每个美国人每月能够存大概1000~1500美元。

之前我们也知道美国人的储蓄率是很低的，所以大家一直以为美国人不储蓄，美国人没有钱，但事实上美国的消费数据显示（如图1.10），这一次的消费下滑仅仅持续了三个月，也就是四五六这三个月。

附 录

美国当月零售销售金额同比增速

图1.10　美国零售销售金额同比增速

资料来源：Wind，Bloomberg

到2020年7月份，美国当月的消费同比已经转正，不断转正。我们看到最近几个月它是在一个历史高位，同比在10%以上。所以为什么中国的出口会好？为什么美国的消费非常好？一个是因为上半年受疫情影响有一些消费没有弄，下半年出来了。但是更重要一点是他们有的是钱，政府给他们发了大量的钱。而2008年金融危机，美国的消费负增有多少个月呢？那一次的负增持续了大概有将近15个月，这次只持续了3个月。所以从美国的消费层面来看，这两个情况完全是不一样的。

不但如此，另外一个层面，美国的制造业，美国的供给，因为疫情的影响，很多人不上班，所以它的供给恢复不起来。一方面可能是疫情的影响不上班，还有一方面政府发钱了，尤其对于中低端的工作来说，不上班和上班真的差不多，那我干嘛要上班？所以我们看到美国整个制造业的恢复是非常慢的，所以导致的一个结果是，美国制造业的订单也好，库存也好，现在依然是一个负数，和去年相比依然是个负数。

图1.11 美国制造业订单、出货量、存货

资料来源：Wind，Bloomberg

所以这就反映了一个现象，美国的需求回来得快，供给回来得慢，那么导致的结果是什么？他的钱很多，除了消费以外，还去干别的，比如说买房子，美国房地产的销量同比增速现在是50%，大家有钱都去买房了，这一点我觉得中国人应该挺能理解的。

图1.12　美国当月新建住房销售套数

资料来源：Wind，Bloomberg

然后还干什么，储蓄。既然说到了美国的储蓄，那么这里可以纠正大家一个想法，大家认为美国人不储蓄，真的不是这样。为什么？图1.13中可以看到，2020年到现在为止，美国人的储蓄余额已经到15.8万亿美元，这是美国的居民部门，不算企业，不算政府，美国普通老百姓储蓄高达15.8万亿美元，而2020年年初只有13.6，2020年一年净增加了2万多亿美金的储蓄。

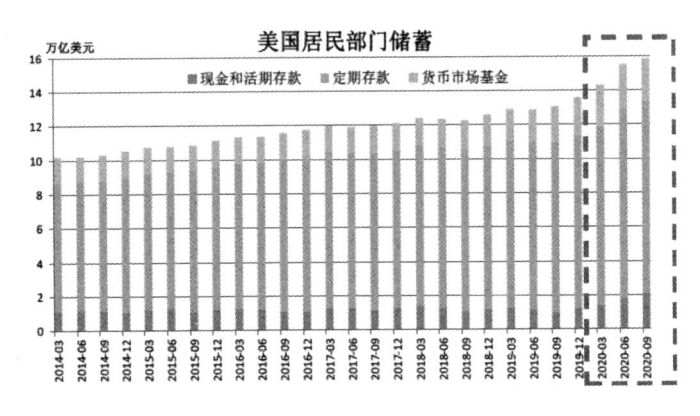

图1.13 美国居民部门储蓄

资料来源：Wind，Bloomberg

那么大家换算一下中国居民的储蓄是多少，中国居民储蓄大概是在九十几万亿人民币，按1:6.5的汇率算，其实美国居民储蓄现在是比中国多的，美国人有15.8万亿美元的储蓄，乘以6.5是多少？是超过100的，也就是美国人的储蓄换算成人民币有100多万亿人民币，中国只有九十几万亿。所以大家不要认为美国人是没有储蓄的，它的储蓄率现在非常高。

所以带来一个问题，大家认为这个股票很贵，股票也涨，商品也涨，但是要看它和居民储蓄的一个比值，我们看现在美国的整个居民家庭拥有的股票资产大概是22.3

万亿美金,这是创历史新高的,也是在下半年创了历史新高。但是和家庭储蓄相比,这个比值其实比前两年是要低的。

图1.14 美国居民部门储蓄与股票

资料来源:Wind,Bloomberg

那么我可以告诉大家,如果政府继续发钱,美国的居民储蓄还要维持。首先从美国股票的角度来讲,不管它经济怎么样,它的股票是很难下跌的,有大量的钱在外面,然后就是我前面讲的,美国有大量的老百姓今年钱多,储蓄多花不出去,除了买房以外,他还要炒股票。

所以从2020年美股的成交量大家就看出来了,特别不寻常的就是纳斯达克指数，纳斯达克指数从2000年到现在，每天的日成交量它是很稳定的，大概在一天平均20亿股，而2020年疫情以后就变成40亿，疫情到现在已经半年多了，纳斯达克的成交量就没有下来，每天依然是40亿，说明有大量散户的资金，包括这些今年新增加的钱进入到这个市场。所以我们看到整个市场流动性变得非常充分，这也是我们认为今年整个资产价格一直不断上涨的原因，尤其是一些龙头资产。

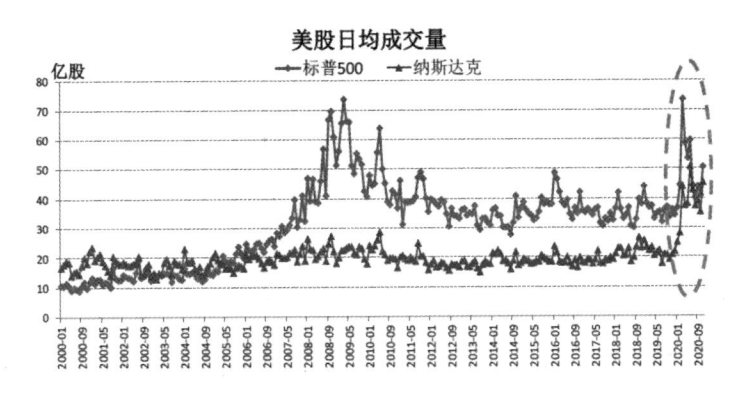

图1.15 美股日均成交量

资料来源：Wind，Bloomberg

那么我们对海外进行一个小结。

第一，现在主要影响资产价格的因素是什么？不是经济，也不是疫情，就是钱多。那么钱多到什么程度？现在还有足够的钱能支持资产价格，我相信甚至到2021年上半年这个趋势也不会改变。

第二，还要看未来，金融市场永远是不确定。我现在告诉大家的其实是现在确定的，不确定的是哪些，其一，比如说美国明年还要不要搞新一轮的财政刺激，按照现在的说法是它还要搞一个，就是你别看现在老百姓钱很多，我还要给他们发钱，明年再发1万亿美金。如果这个刺激真的出来，我觉得股票资产价格还得往上涨，当然这是不确定的。其二就是我们看到欧央行和美国央行明年的扩表的计划，欧央行2020年12月10日已经宣布，它会把它的PEPP，翻译过来叫做疫情紧急购债计划，它会把购债计划延长到2022年，也就是明年还是要买这么多债，所以我们估计欧央行明年扩表还会超过1.5万亿欧元。美联储则在2020年12月16日的一个会议上表示，他们在考虑继续加大购债力度。那么总结一下，海外的这种超常规的财政和货币刺激，它可能还会进一步地延续。

当然也会有一些其他的扰动。那么扰动风险在哪里？主要第一个就是疫苗，疫苗其实是两个层面的风险，一个是它无效，这是一种风险，大家都能想到。但是我认为市场可能很少去交易另外一个风险，就是它特别有效，我认为也是一个风险。如果特别有效，比如说到2021年3月份大家都好了，意味着什么？意味着后面的财政刺激、货币刺激就没有了。所以大家千万不要认为疫苗有效对市场一定是好事，这里我可以给大家提醒一下，它可能不是好事，因为意味着后面的财政货币刺激就没有了。而现在市场交易的资产价格的核心是什么？是钱多。大家一定要记住这句话，而不是说已经过去了，或者说经济特别好，不是交易的这个。

还有一点，中美新一轮的谈判，我们觉得从明年拜登上台以后，中美可能会在很多问题上进行谈判，尤其是我们知道贸易战可能已经告一段落了，那么未来很可能中美谈判的一个重心并不是说要进一步讨论贸易关税的问题，而可能更多地会重点落实到两个层面。一个是知识产权的保护。因为从民主党的角度来讲，他们更关注的是怎么样保护美国核心的知识产权，包括这些重要的核心技术。第二个就是我们说的碳排放。2020年12月18日的中央经济工作会议，特别提出了碳减排碳中和的事，过去好像都没提过，但是我觉得这个在我们预期之内，特朗普政府不重视这个，他退出了巴黎协定，但是拜登上台以后，他的一个非常重要的点，就是和中国进行碳减排碳中和的一个谈判。而碳减排碳中和过去我们的谈判是以一个发展中国家的身份去加入。

中国宏观

我们按时间顺序排下来可以发现这个脉络是很清楚的。2020年10月份提出淡化GDP增长数字目标，11月份提出了限制消费金融，抑制资产价格泡沫化，12月份又提出了反垄断和防止资本无序扩张。整理一下过去半年我们一些重要的国内高层的政策脉络，可以发现思路其实很明显，我们从上半年的一个稳经济、保增长，逐渐向这么一个思路去。

然后我们看2021年，如果2021年美国欧洲再推出新一轮的大规模财政货币刺激，就意味着我们保增长压力的下降。如果保增长的压力进一步下降，意味着我们国内控杠杆的需要就大幅上升了。因为我们知道中国的宏观政策都是逆周期调节的，经济不好的时候它要保增长，经济好了就开始调结构控制泡沫了，每一轮都是这样的一个情况。

关于出口，大家可以看图1.16，很明显2020年11月份中国对美出口同比增速已经快接近50%了，对欧洲出口增速也已经转正了，那么出口这么强，整个中国出口改善带来的一个结果是什么？国内保增长的压力会进一步地下降。

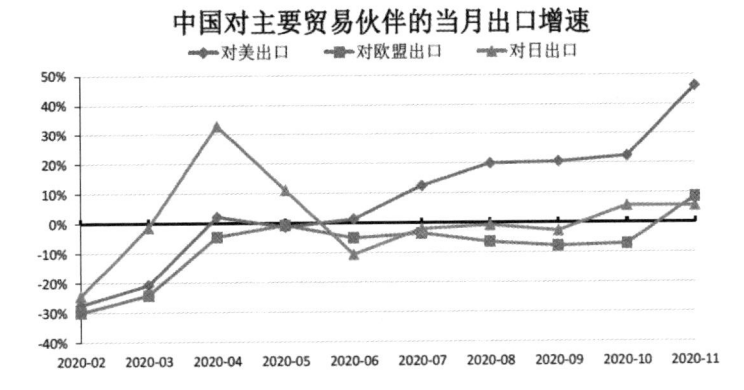

图1.16 中国对主要贸易伙伴的当月出口增速

资料来源：Wind，Bloomberg

还有一点就是房地产，实际上政府还是担心房地产过热，我们看到整个房地产的投资开工现在还是在一个很高的水平，再加上我们现在的出口改善，会叠加一部分制造业的投资也开始改善。

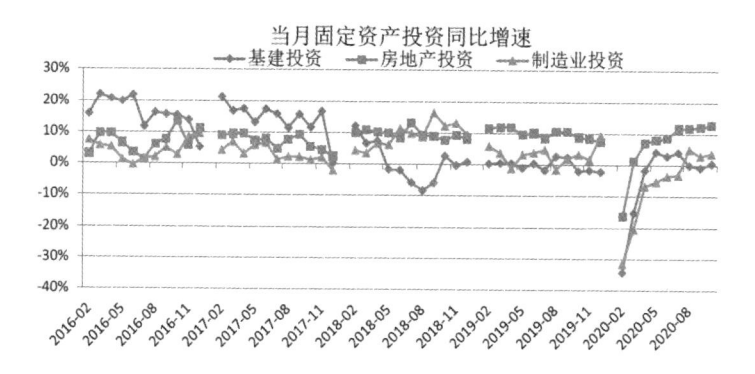

图1.17 当月固定资产投资同比增速

资料来源：Wind，Bloomberg

所以最近大家可能已经看到了很多地方出现了限电的问题，大家想出口突然变得很好，然后国内本身房地产投资又在一个高位，再加上我们看到其他的一部分的制造业投资，这些高耗能的重工业的企业，现在都处在一个很高的开工和生产的状态，那么就导致工业用电现在的压力变得非常大。我们看到整个中国2020年11月份的发电量同比增速都在接近8%了。所以我们说整个来看，我们现在保增长的压力会变得比较轻。至少从2021年上半年来看，调结构和控制过热的风险其实是有所上升。

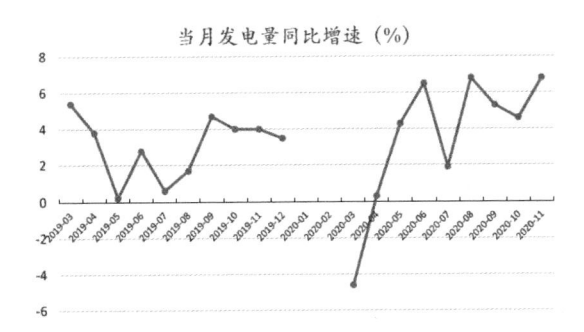

图1.18 当月发电量同比增速

资料来源：Wind，Bloomberg

然后我们看到2020年上半年，因为疫情钢材库存在一个很高的位置，但是我们看到现在的库存已经又将回到一个很低的水平了，说明什么？说明需求非常好。

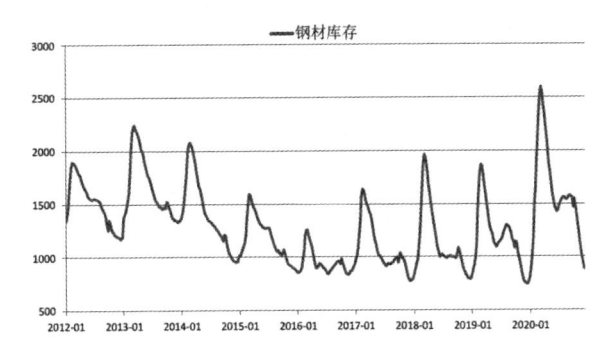

图1.19 钢材库存

资料来源：Wind，Bloomberg

我们看到海外铜的消费因为疫情一直在下降，但是中国铜的消费并没有下降，所以结果是中国铜金矿的消费量占到全球总消费量的比例不断上升，从2019年的50%~55%这样一个区间，上升到60%~65%。

图1.20　中国精炼铜消费占全球产量比重

资料来源：Wind，Bloomberg

我们要看到这些商品背后对应了什么东西，我举了两个例子，这两个产品源头的矿都不在中国，铁矿在澳大利亚、巴西，铜矿在南美。但是另外一点就是因为疫情这些供给短期都有一些压力，所以我们看到整个上游资源的价格涨幅就非常巨大，铜也在涨，铁矿也在涨，最近煤也在涨，所以整个来看，对我们中国的压力是在加大的，而欧美它并不是很担心这个问题。

然后我们看房屋新开工,新开工这里就是一个比较复杂的问题,你看现在特别好的是哪里?特别好的是一线城市,一线城市不但把上半年疫情耽误的都补回来了,而且已经转成正增长了,但是二线城市和三线城市相对就差一些,所以从不同地区的角度看真是不一样。可能从北上广的角度,是要控制过热,但是我们还可能担心三线城市的投资会下来。

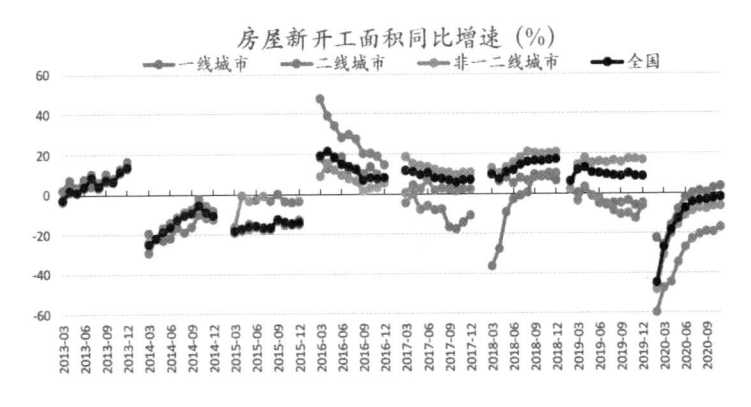

图1.21 房屋新开工面积同比增速

资料来源:Wind,Bloomberg

政治局最近的工作报告,单独提出了对大城市房地产的一个调控要求。所以我们说明年的房地产政策可能会更加有针对性，针对一些一线城市和部分热门的二线城市进行调控。

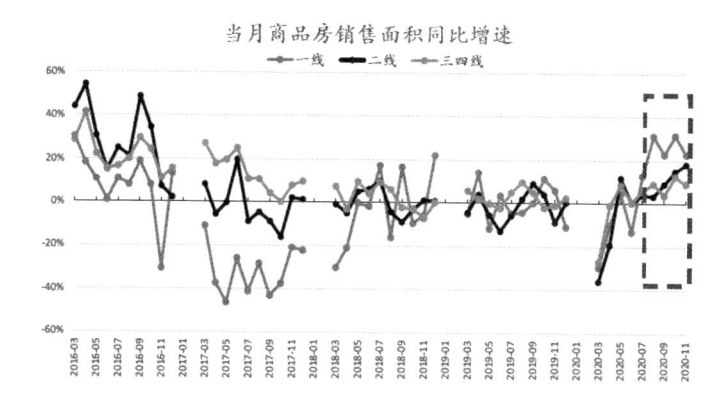

图1.22 当月商品房销售面积同比增速

资料来源：Wind，Bloomberg

但是总的来看，我们更关注的一点就是资金环境。其实从历史上来看，这些都是相关的。我们从来没看到过一线城市不断差，三线城市不断好，不太可能。2020年的情况当然是一线特别好，2021年的话，我觉得首先可能需要降温。

然后还有房价，图1.23显示了全国平均房价。全国的一手房平均房价从疫情以后就连续上涨，年初的时候9100元/平米，现在是10000元/平米，房价还是涨了不少。所以我们说整个的政策，2021年不可能对房地产有特别宽松的可能性。

图1.23　一手住宅平均售价

资料来源：Wind，Bloomberg

2020年上半年保增长，我们整个的融资增加非常快，一年增了40%，而历史上我们看到融资是明显有周期的，什么周期？比如说2009年为了4万亿，我们放了很多钱，2010年、2011年就是收的，2012年、2013年放了一点，2014年、2015年又收，2015年股灾以后，2016年、2017年又放，所以我们看2016年、2017年全国房地产也很火，然后2018年开始去杠杆，2018年就很不好，A股也很差。然后2019年开始放，2020年也放。所以我们回头一看，大家会发现很多资产价格，像股票、房产跟这个是相关的，你收的时候就是不行的，这就是国内的资产价格，你放的时候当然就是最好的，所以从这个时间周期来看，我认为明年收的概率要比放的概率大。

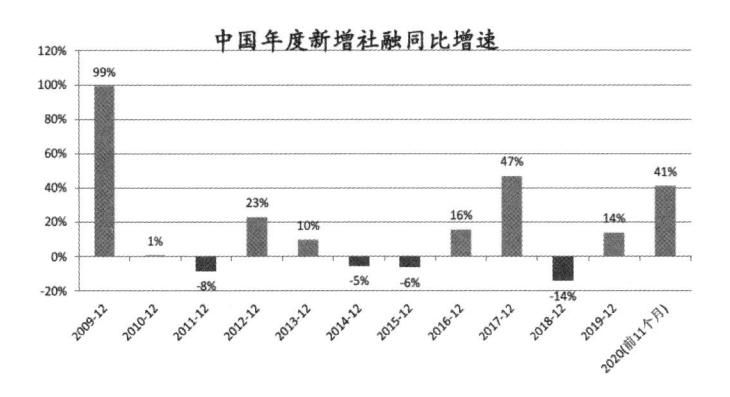

图1.24　中国年度新增社融同比增速

资料来源：Wind，Bloomberg

你看它差不多是一个两年的放的周期，后面就是一个收的周期，当然收的周期可能比较短，可能收一年不到甚至半年，但是一般来说两年放完以后就会收一次，而且收之前往往会有一个很高的放数，比如说像2009年、2017年和2020年都是同比超了40%，这是一个非常高的数。所以明年大概率都是要收的。这个之后的第二年我们已经看到了一些迹象，社会融资还没有往下掉，但是银行等金融机构的资产规模增速已经掉了，其实从9月份以后就开始往下走，所以往往是个先行指标。

图1.25　社融与银行业资产规模同比增速

资料来源：Wind，Bloomberg

图1.25中浅色线往往是深色线的先行指标，所以我觉得明年整个国内的融资环境是要收紧的，这是我自己的判断。

然后我们看开发商用地拿地的情况。开发商我觉得是很聪明的，他们已经很早知道了，或者感受到了资金的压力，所以从图1.26中我们看，从下半年开始，开发商不断地减少拿地。

附 录

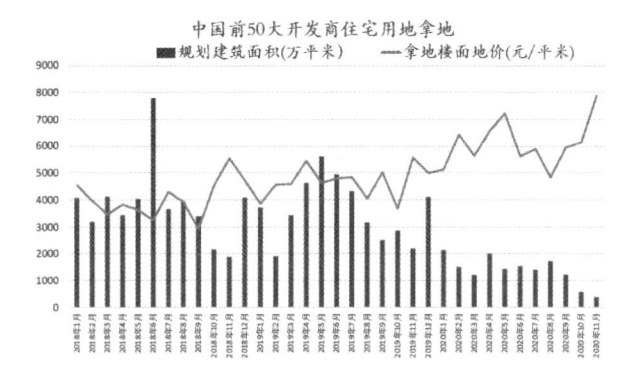

图1.26 中国前50大开发商住宅用地拿地

资料来源：Wind，Bloomberg

那么不拿地他要控制负债率对吧？事实上他房子卖得不错，他房子是能卖得出去的，但是不拿地、少拿地。结果是什么？他们的负债率不断往下降，但是别的部门就有压力了，什么部门呢？地方政府就有压力，因为开发商不拿地，地方政府的收入就下降，那么地方政府财政的压力，收入的压力，包括今年又搞了很多的建设投资，明年后年还本付息的压力各方面累积到一起，我们说都会变得越来越大，所以我们说更多的压力现在可能是在地方政府，而不是在开发商身上。

而且我们看图1.26，为什么在开发商不拿地的情况下，楼板价还涨了？其实很简单，因为开发商现在就是三四线不拿地，在一线还是拿地，所以拿地的楼板价并没有降，因为它的成分里头一二线的占比越来越高，三四线它就退出了。所以我们看到整个的拿地的总量其实是在下降。

然后地方政府现在很大一块靠专项债，2020年发了4万亿的专项债，去年只有2.5万亿，2021年的话我认为专项债券这块很难大幅下降，可能还是要发将近4万亿的专项债，否则地方政府财政各方面的压力会太大了。因为地方政府还是有维持社会稳定、进行社会保障的一个基本功能。所以我们认为2021年专项债的发行力度不会比2020年下降很多。

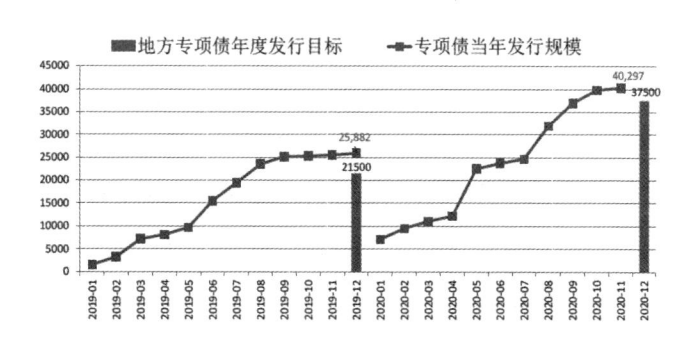

图1.27 地方专项债年度发行目标与当年发行规模

资料来源：Wind，Bloomberg

但是另外一个层面，企业这块压力就会很大。为什

附 录

么？今年因为疫情期间三四月份的时候，为了保增长，中央除了银行放贷以外，还通过债券市场给企业放了大量的贷款和企业债券，但是到了下半年，整个政策开始收紧以后，整个市场的发债条件就变得非常的差。近期大家也知道有一些国企央企都出现了违约的风险，所以就导致债券投资者更加不愿意去碰这些信用债。所以我们看到整个债券市场和上半年相比，发行量急剧萎缩。

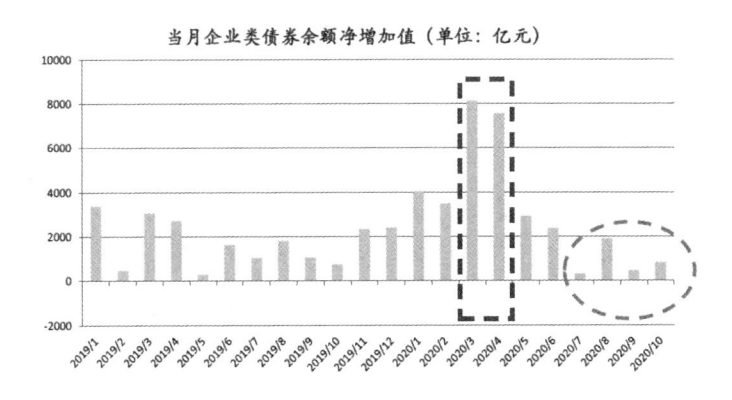

图1.28 当月企业类债券余额净增价值

资料来源：Wind，Bloomberg

但是另外一个问题是，无论是贷款也好，还是我们现在发的很多的企业债券也好，不是说我发个10年的债，很多都是发一些短期的，比如说一年期的贷款，一年期的债,那么今年三四月份发的债明年三四月份就是要还的,而明年三四月份如果这些政策都没有了,包括今年三四月份还给小微企业说因为疫情今年不抽贷,所以你们过去到期的债务可以不用今年还,我再给你展期一年,明年是不是还能再展期我不知道,但如果不能再展期了,那就意味着明年三四月份市场的资金面是会非常紧的。

我们看到今年三四月份发行了体量巨大的债,其中相当一部分在明年三四月份到期,那个时候整个市场融资的压力就会变得非常大。所以这个是我们比较担心的明年国内的一个问题。

央行现在也做了一些对冲的措施,比如说通过公开市场操作,MLF这些东西去向市场投放一些资金。

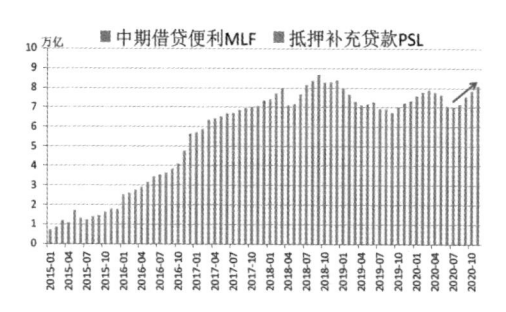

图1.29 央行货币政策

资料来源:Wind,Bloomberg

但是过去在经济不太好的时候，央行比如说在2019年、2020年初都是不断降准，连续地降低存准，然后再降低利率，LPR的利率下调，都做了好几轮，但是现在做不了了。为什么？因为这个信号意义太强。这个信号意义比如说大家都说要控杠杆，突然说要降准了，这是什么意思？老百姓又冲进去买房了。所以说这个都做不了，央行只能做一些这种力度相对比较柔和的对冲操作。所以这个东西不能完全改变市场流动性偏紧的整体局面。

所以说现在的一个情况，要是找类比的话，我认为和现在到2021年这段时间最像的是2010年到2011年这段时间。

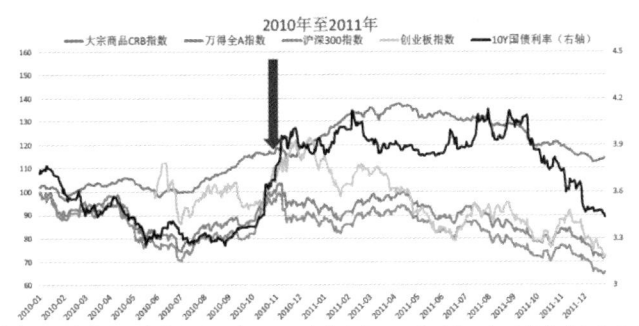

该参考阶段资产价格走势归纳：商品处于牛市中期，国债利率已经显著上升但仍需要等商品见顶后才有机构，股票处于牛市后期，还有一波高位震荡行情后开始下跌。成长股短期继续跑赢大盘，沪深300见顶早于创业板。但股市真正转熊后，成长股开始跑输大盘。

图1.30　与2020~2021年最相似的周期是2010~2011年

资料来源：Wind，Bloomberg

2008年金融危机，2009年4万亿，2010年经济复苏，然后整个经济上行，政策开始回收，这个阶段其实和我们现在的阶段是很像的，所不同的是什么？那个阶段持续两年，这次我认为持续不了那么久，为什么？因为上一次整个金融危机要持续一年以上，而现在危机只持续三个月，我们看到就要回去了。所以现在一切都变快了。我们说互联网时代一切都变快了，经济周期也变快了，两年的经济周期一年就走完了，甚至6个月就走完了。所以我们现在更像这个阶段。

那么这个阶段有什么特点？我把很多大类资产的走势放在了图1.30上，当时的大类资产有A股，有创业板，有沪深300，有万得全A，有大宗商品指数，也有我们的国债。这个阶段你看表现最好的资产其实很明显是什么？大宗商品。图中它是处在一个牛市的中期阶段。股票就差一点，那个时候股票在一个高位，但是没有马上下跌，又在上面盘整了将近小半年，现在估计可能都弄不了半年，估计可能还在高位弄了三四个月，然后就开始下跌了。然后短期看，成长股还是跑赢了周期股的。所以大家不要以为商品涨周期股就一定能涨，周期股是涨不了的，你看

附 录

图1.30就知道了。然后债券其实最后是个熊市,我们知道在这个阶段债券都是熊市,那么什么时候熊市见底?大宗商品见顶以后,债券就见底了,就是债券的收益率就见顶了,那么大家就可以去买国债。所以是这么一个概念,我大致去做一个类比,主要是为了大家能更直观地去看我们的一些观点。

当然这个地方还是有一些差异的。

第一是中国与海外是有差异的,中国率先复苏,政策也是率先退出,但是海外我觉得还退出不了,所以这个环境还是不太一样。

另外一点,国外私人部门信用不增加,而中国主要是增加的私人信用部门,房贷也好,企业贷款也好,我们看到银行的信用扩张是非常快,所以我认为在这个阶段海外股票的表现是会比国内要好的。

然后还有一点,我们最后的结论,商品是这个阶段最好的配置,我只指这个阶段,可能1月份到春节这段时间。股票明年春节以后我就会变得更加谨慎了,春节以前一般流动性比较好,我觉得问题还不大,春节以后到三四月份我觉得压力会比较大。

ETF期权在投资管理上的运用

方正证券董事　徐华康

今天要讲的问题我就从一个小小的故事开始跟大家说。

话说在以前，美国人、日本人、中国人出去旅行，后来遇到上帝，上帝允许他们每个人问一个问题。

美国人就问上帝，我们道琼斯工业指数什么时候可以创历史新高？然后上帝说特朗普作恶太多，一年以后才能创新高，美国人听了很伤心，哭着就走了。

日本人也问上帝相同的问题，他说我们日本的日经指数什么时候可以创新高？上帝想了一下说，当初80年代日本的泡沫实在是太大了，必须要50年才能创新高。日本人听后伤心地走了。

然后我们中国人就问了，上帝，我们上证A股什么时候可以创新高？上帝想了很久，最后哭着走了。

这个笑话我不晓得大家有没有听过，那么到底上证指数有没有大家看得那么的不堪？

图2.1中深色的是我们上证指数过去30年来的一个走

势，当然这并不是一个单纯的走势，我们做了一个定投，每个月投5000块钱，慢慢地把它投下去。通过图2.1我们可以发现，有两度我们的资产曾经接近1000万，2007年的时候跟2015年的时候，现在大概在800万。但是如果不投资指数，我们去投资定期存款的话，收益曲线就是下面浅色的线，可以看到从来都没有超过我们投资股票的价位。

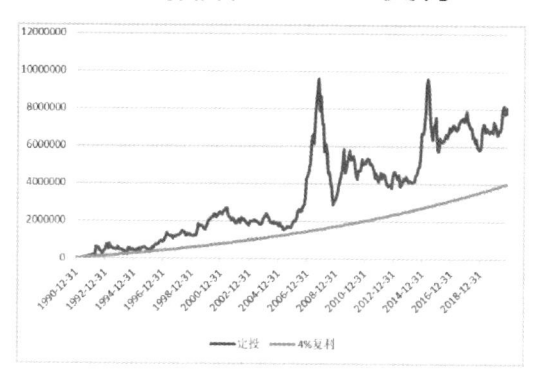

图2.1　上证指数 V.S 4%复利

那么，投资股票为什么比较好？

根据美国的研究，在美国过去200年，如果我们投资股票，报酬率是75万倍，相当惊人的数字。但是如果投资债券，1085倍；投资黄金，1.95倍；持有美元200年，你的钱最后只剩6%，你会跌价94%。所以我觉得投资股票是一个非常好的选择。

我过去常常在外面出差旅行,也会住一些酒店,住酒店的时候,当前台小姐姐知道我是方正证券的,知道我是做股票的就很高兴,他们问我说,要怎么投资才可以赚钱呢?这个时候我就很义正辞严地跟他们说,这个实在是太简单了,你就投资指数,因为投资指数等于投资国家,一定可以赚钱。然后他们就问,我要怎么可以投资指数?我说很简单,我们就做这个ETF。但是我把这张图展示出来的时候,他们可能就有点失望了。为什么?看起来好像山峰非常的高,但到目前为止都没有被超越过去。

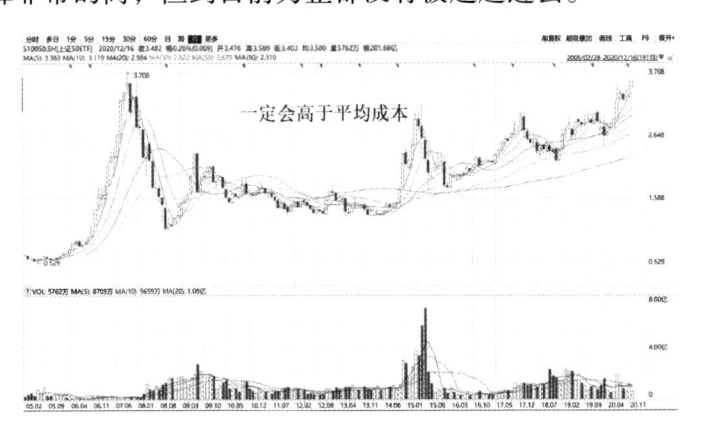

图2.2　上证50ETF(2005~2020)

那ETF到底有什么样的好处？

我们可以看到它是一个长期稳定上涨的，因为从图2.2中我们可以看到，如果我们持续定投的话，它的长期成本还是比现在很多高价都来得低，长期是可以稳定获利的。所以做定投我们有一个很重要的说法，长期它会是一个稳定的获利。

但是大家可能会问，那要多久才可以财富自由？这时候我就说，如果按照定投，你每个月投5000块的话，根据我的计算大概20年左右，你就可以财富自由。当然这个时间会非常的长，有人可能会受不了，但是这时候我们有一个秘密武器，衍生品。

- 上证50ETF
- 上证沪深300ETF
- 深圳沪深300ETF

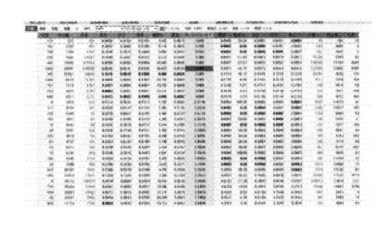

图2.3 指数衍生品

我们常听到现在我们国家在"去杠杆"，那么我现在要讲的就是"加杠杆"。

其实在我过去漫长的投资生涯里面，做杠杆有一件非常重要的事：在越确定的时候，你可以加越大的杠杆，你的速度会越快。如果我们做投资，长期行情上涨是一个100%确定的事，请问你要加多少的杠杆？其实我在很多场合问这样一个问题的时候，很多人都跟我说，我可以加1倍的杠杆，我加5倍的杠杆，加10倍的杠杆。但是如果它是一件100%的事，杠杆可以加无限大。如果它是一件非常安全的事，原本要20年才能财富自由，加杠杆可以让你10年就财富自由。

关于衍生品，我这边有一个非常残酷的例子。大家应该印象深刻，如果我们在2020年7月1日买进认购，到2020年7月6日最多可以赚多少？

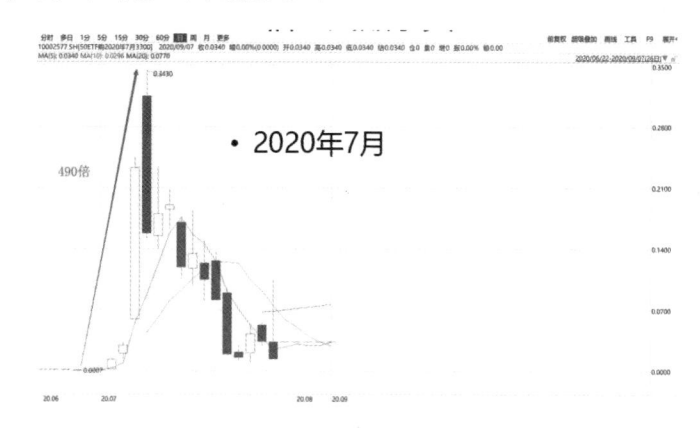

图2.4　490倍的残酷事实

在图2.4中可以看到，最多可以赚490倍。其实我在拜访营业部，跟很多朋友聊天的时候，很多人跟我说，真的很可惜，我在7月份的时候明明就做了一个梦，要买进，可是我就是犹豫了一下，没有买进，就错失了一个机会，要不然我就带你去旅游了。听后我都觉得好可惜，真的。

但是这件残酷的事是什么？大家知道到底市场上在当天的时候有多少人持有买进认购吗？我们问了很多同业，大概有一半以上的人数，在7月6日之前都有买进认购，并不是张数，也不是手数，是人数，有一半以上的人数持有买进认购，但是有多少人可以赚到490倍？据我所知，目前我们公司是没有，然后问了很多的同业，问了华泰，然后也问了海通，问了银河，朋友都说貌似我们公司没有赚到490倍的人。当然做到490倍真的是非常困难，到底困难在什么地方，这个点可以告诉我们，重点不是你当时是不是持有仓位，而是你到底能不能到最高点的时候让它出去，当你买进去以后，行情上涨了20%，请问你要不要出？你心里想，我稍微忍耐一下。上涨了一倍的时候你要不要出？静一下，再忍一下。上涨10倍的时候你要不要出？够了吧，10倍很难遇到。如果你忍住了，上涨了20倍的时候要不要出？假设我们每一分钟思考一次我要不要出，每一次决定出的几率是50%，那么10分钟以后出到一个高点的概率是多少？1/1024。如果是20分钟以后，这个概率是多少？可能已经是千万分之一。如果是30分钟以后，是几亿分之一的几率。大家可以想想看，我们要从最低的7块钱赚到最高的3430块钱，这概率有多低？几百亿分之一的一个概率。据我所知，这次期权大赛的冠军在这一次行情里赚了108倍，真的非常厉害。

很多人问我，你期权做了这么多年，你能不能告诉我在什么价格卖会比较好。对不起，这是神的领域，如果我知道的话，我现在可能已经在休假。我没有办法让大家在最低点买，在最高点卖，但是我们可以让大家通过杠杆稳稳地赚到这个钱。

然而大家会发现，原先在长期投资上很确定的事，通过杠杆就变成很多事都不确定了。所以我们接下来就是要消除这些不确定，但是我们要如何消除这些不确定？

因为很多人对杠杆还不是很清楚，所以我用一个简单的方法来说明这个杠杆我们到底花了多少倍。

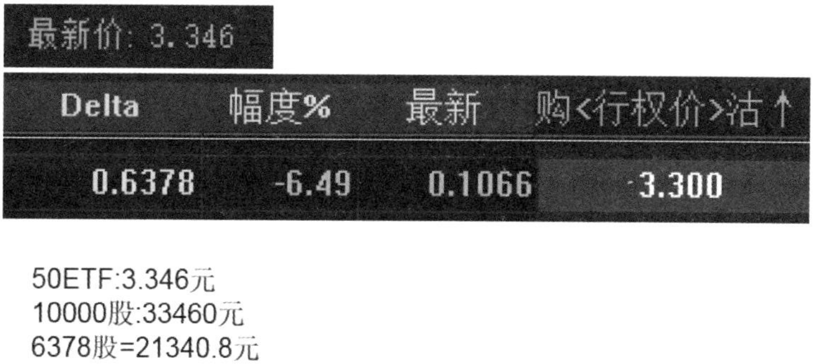

附 录

Delta	幅度%	最新	购<行权价>沽↑
0.6378	-6.49	0.1066	3.300

最新价: 3.346

50ETF:3.346元
10000股:33460元
6378股=21340.8元

图2.5 杠杆计算

如图2.5，这是2020年11月20日当天的收盘价，上证50是3.346，这代表什么意思？我买1万股的上证50的ETF，我们要花33460块钱。然后我们再看这个数字，Delta=0.6378，代表上证50上涨一个百分点的时候，我买的期权会上涨0.6378个百分点。

我们买一张期权，期权的标的资产是1万股的上证50ETF，如果我们现在买行权价3块3的认购，Delta是0.6378。我们可以想象，事实上你不是买了1万股的上证50ETF，你是买了6378股的上证50ETF，但是你只花多少钱？最新价格是0.1066，所以只花了1066块，我们就买了6378股的上证50ETF，这就是杠杆。

杠杆有多大呢？我原本买了6000多股，要花21000多块，但是现在我只花了1066块，我们的杠杆用了大概20倍。这个杠杆够大吧？这代表什么意思呢？如果我们投资100万，行情涨了1%，我就赚了20万；如果行情跌了一个百分点，我就亏了20万。比如行情好了，这100万很有可能在开盘的时候就赚了30万，然后到下午一点半的时候，又亏了30万。这个就是杠杆的威力，让你的贪婪跟恐惧都不断地扩大。当然它也会让我们在确定的事上获利更大，前提是你能够确定。

不确定大多是来自于哪里？我们的时间成本与波动性。

我们买进认购，随着时间的过去，大家可以发现，如果一个月都没有涨，会变成什么？可能全部都没有，一毛都不剩。所以很多事，今天上涨，明天上涨，一个礼拜后上涨，它的结果都不一样，这个时间造成了很大的不确定性。

另外一个就是波动。当我们持有这个产品的时候，我们用了杠杆，但行情下跌撑不住，你会如何？虽然我知道一年以后会创新高，但撑不住，你就会破产，你看不到一年以后。这件事非常重要，所以现在我们来慢慢分解，我们要如何让长期投资至少接近100%确定，来避免这样的一些风险。

第一个我们如何规避时间风险。

我们希望不用付时间成本，还可以用杠杆，甚至于还可以拿利息。我们看T字报价表上，我们之前做认购，都是做左手边的T字报价，现在往右边看一下，我们做认沽，不仅仅不做买，而且做卖。

Gamma	Delta	幅度%	最新	购<行权价>沽↑	最新	幅度%	Delta	Gamma
0.0822	0.9953	-3.59	0.3973	2.950	0.0045	2.27	-0.0047	0.0822
0.1858	0.9881	-3.08	0.3528	3.000	0.0070	7.69	-0.0119	0.1858
0.6596	0.9456	-3.95	0.2599	3.100	0.0133	1.53	-0.0544	0.6596
1.4925	0.8335	-5.83	0.1744	3.200	0.0290	8.21	-0.1665	1.4925
2.2412	0.6378	-6.49	0.1066	3.300	0.0595	5.31	-0.3622	2.2412
2.3148	0.4034	-7.51	0.0579	3.400	0.1100	3.87	-0.5966	2.3148
1.6980	0.2049	-10.71	0.0300	3.500	0.1839	5.03	-0.7951	1.6980
0.9104	0.0826	-9.60	0.0160	3.600	0.2691	3.54	-0.9174	0.9104
0.3662	0.0264	-7.53	0.0086	3.700	0.3616	3.61	-0.9736	0.3662
0.1131	0.0068	-5.56	0.0051	3.800	0.4619	3.15	-0.9932	0.1131

图2.6 认沽期权卖出=做多

当然很多人说，刚做期权的时候，很多人说做买方好，为什么好？风险有限，利润无穷。其实我深深地怀疑，这是一个阴谋论。为什么？到底是做买方的长期看来赚得多，还是做卖方的长期看来会赚得多？我的书上有一个很精确的统计数字，做卖方的长期来看会赚得比较多。所以避免时间成本，我们可以直接卖认沽，卖行权价3块3

的认沽。

但是我们卖认沽以后还有杠杆吗？我们拿到利息，收到钱，避免时间成本以后，还有杠杆吗？有，变得比较小，我们原先20倍的杠杆，现在4.45倍（如图2.7），大家有兴趣的话可以在上交所的网站上查到这方面的资料。如果卖出实值5%的认沽来做多，我们估计所投资的金额是26000，所花的保证金是5900，杠杆4.45倍，杠杆变小了，但是只要有杠杆，原本要20年才能实现的财富自由，似乎只要六七年就可以达到了，我觉得这是一个很大的突破。

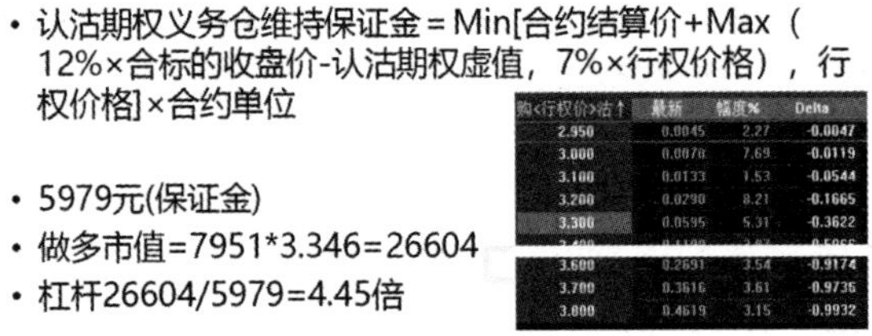

- 认沽期权义务仓维持保证金 = Min[合约结算价+Max（12%×合标的收盘价-认沽期权虚值，7%×行权价格），行权价格]×合约单位
- 5979元(保证金)
- 做多市值=7951*3.346=26604
- 杠杆26604/5979=4.45倍

图2.7 卖方可以用多少倍杠杠？

时间成本的问题解决了，第二个问题，我们要如何去化解波动性。

我们用两个简单的场景来说明一下。如果要做长期投资，可能有两类人。

第一个，长期投ETF，长期持有，在开始的时候就做一个假设，长期指数ETF一定是向上，相信国家的GDP会长期成长，但是偶尔会遇到乱流。

图2.8 第一个场景：长期持有者的乱流

越确定的事我们可以放越大的杠杆，我们常常都会说，股市最大利多是股票跌很多，就是股价很低，所以当遇到乱流，我们直接看图2.8这个例子。

在2020年的3月12日，行情下跌了5%，我们每下跌5%，增加15%的仓位，但现在有个问题，长期投资者要投资这么多钱，钱从哪里来？很简单，你只要把你手中的ETF的现货直接卖掉，换成衍生品，你可以腾出接近80%的资金，这个时候每下跌5%就可以增加15%的仓位。我们来看，到了3月16日，我增加5万股，到3月19日我增加5万股，当然到这个时间你是亏的。但是到了4月初的时候，你可以发现，行情还没有弹回来，就已经损益两平了。到了4月底行情才回到原先的一个水平，已经开始获利了，这就是用杠杆的一个好处。

当然会有人说，我所说的跟他们以前看书上的都不一样，书上教"千万不要接掉下来的刀子，你的手会受伤"。

但是我们来看一下，如果在保证你不破产的前提之下，我们是可以这样做的。那问题是我们要怎么样才能够保证不破产，如何知道这个行情不会跌多少呢？

我们在上海有一个客户做得非常好，他就是做长期投资，他跟我说，我今年赚了不少钱，赚的比你多。我说，我没有投资，我是从业人员，都没有做。他就说，我是这样做的，行情每跌10%，我就增加10%的杠杆；行情跌了20%，我就增加20%的杠杆；行情跌了30%，我就增加30%的杠杆；当然行情跌了100%的话，我就做两倍的杠杆。

他还算了一下，指数从来都没有跌超过70%，他的保证金足够支撑到指数ETF跌70%，他就这样做。他说，今年我还是太保守了，年纪还是太大，不够年轻，年轻一点的话就可以冲得更高。

当然我建议各位做杠杆一定要预防破产风险，在越确定的事可以放越大的杠杆。长期投资者不断地买入，然后持有大量的ETF，在下来的过程中，你就去增加持仓，但是你没有资金怎么办？我们就可以用我们的工具用期权来做，你不用借钱还有利息收入，这个是它最大的一个好处。

另一个问题，到底你要增加多少杠杆？其实我是建议，如果刚开始进入市场，杠杆千万不要放太大，它的比例最好在1.2倍到两倍之间。因为根据我们的回撤，只要在两倍之内，从2007年的崩盘，如果我们是持续累计地去加，目前来说都不会有爆仓的风险。当然我们的回撤是从2007年、2015年开始，所以要做杠杆还是尽量保守，我建议大概1.2倍，这样子的话虽然没有办法在三五年内退休，但是十年左右也是相当不错的。

第二个场景，定投者，如表2.1。这个表稍微有点复杂，从2018年的6月份开始，每个月定投15000块，每个月不断地做，一直做到2020年的10月底，我们这样做上证50投资报酬率差不多是20%，报酬率相当不错，我们在两年又4个月，投资了大概42万，赚了20%，这个报酬率跟很多其他投资来比算是相对稳定，而且报酬率是很不错的。

表2.1 第二个场景：定投者

日期	总投入资金	期权定投获利	期权报酬率	基金定投获利	基金报酬率
2018/6/25	0	0	0	0	0
2018/7/23	15000	279	1.86%	124	0.82%
2018/8/20	30000	−1633	−5.44%	−1173	−3.91%
2018/9/25	45000	3062	6.80%	1427	3.17%
2018/10/22	60000	2982	4.97%	1404	2.34%
2018/11/26	75000	−3068	−4.09%	−2896	−3.86%
2018/12/24	90000	−7178	−7.98%	−8259	−9.18%
2019/1/21	105000	109	0.10%	−2790	−2.66%
2019/2/25	120000	11285	9.40%	16616	13.85%
2019/3/25	135000	9998	741%	11150	8.26%
2019/4/22	150000	27948	18.63%	25362	16.91%
2019/5/20	165000	3935	2.38%	10915	6.62%
201916/24	180000	23567	13.09%	28255	15.70%
2019/7/22	195000	22852	11.72%	25816	13.24%

续表

日期	总投入资金	期权定投获利	期权报酬率	基金定投获利	基金报酬率
2019/8/26	210000	23160	11.03%	25241	12.02%
2019/9/23	225000	35685	15.86%	30415	13.52%
2019/10/21	240000	43205	18.00%	33233	13.85%
2019/11/25	255000	40944	1606%	31372	12.30%
2019/12/23	270000	48792	18.07%	30020	11.12%
2020/1/20	285000	63023	22.11%	37578	13.19%
2020/2/24	300000	34763	11.59%	24432	8.14%
2020/3/23	315000	-38107	-12.10%	-15536	-4.93%
2020/4/20	330000	6069	1.84%	16779	5.08%
2020/5/25	345000	11198	3.25%	13948	4.04%
2020/6/22	360000	42686	11.86%	32596	9.05%
2020/7/20	375000	91961	24.52%	84793	22.61%
2020/8/24	390000	107509	27.57%	86549	22.19%
2002/9/21	405000	123277	30.44%	88486	21.85%
2020/10/26	420000	125013	29.77%	85363	20.32%

但它有一个困难度，大家会发现在投资的过程里面，到2020年的二三月份的时候报酬还不错，已经赚到百分之十几了，然后突然一个崩盘，投资一年多居然亏了4%。通常很多我认识的投资人他们接下来都会这样做，到了5月份的时候，好不容易赚钱了，他们会把手中所有的仓位清掉。千万不要这样做，一定要在高档去做清仓。所以这件事最困难的是你的耐心，和你对这件事的一个信任。你

相信指数会长期成长，持有到10月，报酬率就有20%。

如果每个月我们可以投资15000的话，我们就去卖出一张实值5%行权价的认沽，每个月只卖一张，我们第一个月卖了一张，第二个月再卖一张，并把第一个月的移仓到实值5%，等于说到第二个月变成两张认沽，到第三个月变成三张认沽，到第四个月变成四张认沽，我们这样不断地累积下来。结果在表2.1中看到2020年的10月份，报酬是30%，报酬率更高了。这个就是杠杆的效果。因为我们知道长期指数会往上走，如果你确定这件事，做这件事不会破产，你就可以做。

我很喜欢拿这两件事来做比较，但是这两件事还是有一些根本上的差别，什么差别？我们每个月投15000块，我们叫做定时定额，所谓定时定额就是当指数比较高的时候，我买的单位数会比较少，当指数比较低的时候，我买的单位数会比较多。所以当我开始做定投的时候——其实我们有时不说定投，我们叫定存股票——我们希望一开始做这件事行情就开始跌，跌个两三年，我累积了大量权益的时候，行情突然上涨，这样我可以赚得最多，可是一般人都受不了。最不喜欢的是我第一个月进去投，然后就开始涨,我第二个月再投它又涨,第三个月再投,它又涨了半年,然后我再继续投,结果后来就跌了,你会发现你买的单位是会变得比较少。

但是我们每次卖一张认沽是定量的,每次都只有投1万股,现在我们花了15000块,保证金应该只要花大概5000多块,所以我们剩下的钱是预防行情下跌的时候去补保证金,来确保它是一件安全的事。

所以当我们用期权去做这件事的时候,反而是指数越高的时候风险是越大的,因为我们投资的单位数是一样的,所以指数低时市值会比较低,风险相对会比较小一些。

所以我们在做这件事的时候,大家应该要知道你正在做什么事。但是有人说我觉得还是第一件事好,我可以做定投,低的时候我可以多买一些,高的时候我就少买一些,如果它一直低我就可以慢慢累积资产。

当然也有很多朋友说,我没有办法每个月投15000块,老板给的薪水不够高,15000块我没有办法做定投。但是有一个方法,如果你定投了一阵子,假设上证50我们已经存了10万股,基本上只要你有一个基本的持股,我们就可以开始做这件事,在高档区做正常定投,然后在低档区做使用杠杆的交互。

这件事到底要怎么做呢？可能听起来觉得很复杂，但事实上它却很简单。当然我们建议杠杆还是用1.2倍到两倍，因为根据我们的回测，只要做这样的一个定投这样的一个金额，它是不会有破产的风险。我们把10万股卖掉一半，剩下一半是现金，然后把它换成期权，我们的仓位仍然是10万股。但是我们假设你每个月只能买5000股，我现在要用1.2倍的杠杆去做定投，所以我下个月原本只能够买5000股的，做了1.2倍的杠杆后，我可以买6000股。但是现在每卖出一张认沽，是一个实值的，我们假设它就是1万股的话，是不是单位太大了，太大怎么办？多了4000股，你就把手中多的4000股先卖掉，所以你就可以通过手中原先有的ETF来做调整，让我们做1.2倍的杠杆，做1.3倍的杠杆，做1.5倍的杠杆甚至两倍的杠杆，在你没有很大的资金超过15000或是2万去每个月这样投的时候，都可以把杠杆给放出来。

当然千万要记住一定要控杠杆，因为控制仓位是我们控制波动一个非常重要的因素。之前在上海跟我说自己赚很多的这位客户，他就是采用这样的一个方法来做定投。

今天把这个方法分享给大家,希望大家在越确定的时候能够投越大的仓位,然后把杠杆给放出来。

我在"老徐话期权"的公众号写过一篇文章,我们刚刚也有说到高档区跟低档区的互换,那么到底什么是高档区,什么是低档区呢?大家不会分辨的话,我觉得有一个很简单的分辨的方法。

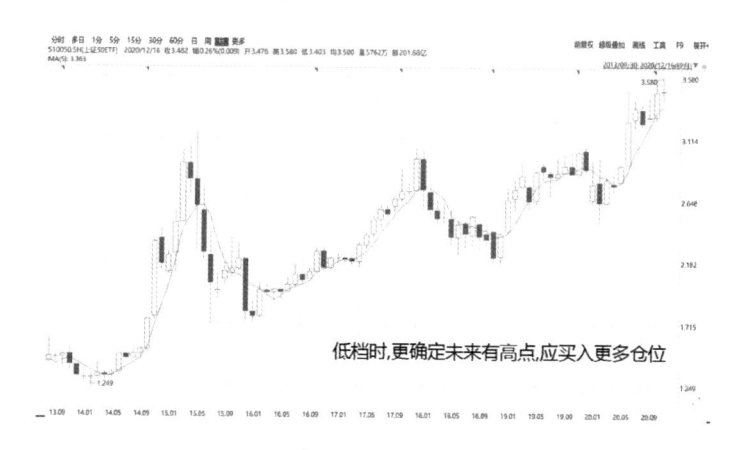

图2.9 上证50ETF月K线

图2.9的K线是一个月K线,它代表着每一根K线都是一个月。然后我画了五个月的均线,就是5个月的平均价格,只要在月底的收盘价跌破5个月的平均价格,我们就认为它到了低档区,这时候可以换档,做1.2倍的杠杆,去做定投,做股票定存。然后只要它涨过五个月的平均价

格以后，切换成正常的水位。这样做可以在低档更快速地累积更大的权益，这个就是我们在做杠杆，把不确定的事变成一个确定而且安全的做法。

最后的结论，我们长期投资是一件相当确定的事，但是问题就是时间太长了。如果是确定的事，我们就可以放杠杆，但是放了杠杆以后，不确定性就会放大。所以接下来只要能够控制不确定性，我们就可以达到更高的一个回报，也可以使20年才能实现的财富自由缩短到15年，甚至于缩短到10年。

延伸阅读

➡ 《乌合之众：大众心理研究》

"《乌合之众》是一本可怕的书，他将社会大众的心理阴暗面毫不掩饰地暴露在阳光之下，别有用心的人甚至可以利用群体的种种心理弱点作为其权力与财富的抓手。"

——"金融大鳄"索罗斯

➡ 《大癫狂：非同寻常的大众幻想与群众性癫狂》

"数学不能控制金融市场，而心理因素才是控制市场的关键。更确切地说，只有掌握住群众的本能才能控制市场，即必须了解群众将在何时以何种方式聚在某一种股票货币或商品周围，投资者才有成功的可能。"

——"金融大鳄"索罗斯

"只要如此愚蠢的行为能够继续存在下去，那么一个真正理性的投资者始终有望利用大众的疯狂为自己谋利。具有常识的个体很容易觉察到集体的疯狂，个体将会借此获取巨额的利润。"

——查尔斯·麦基

购 书 请 微 信 扫 描 封 底 二 维 码